미래의 대국
인도네시아

서문당

아케이드 계획

은하철도역

시문상

'미래의 대국 인도네시아' 발간에 즈음하여

양 승 윤(梁承允)

　인도네시아도 1997년 상반기에 선거가 있다. 이 나라 최고권력기관인 국민협의회(MPR)를 구성하는 1,000명의 대의원을 선출한 제7차 총선거인데 이번 선거가 일찍부터 특별히 관심을 끄는 이유는 창당이래 계속 상승세를 타고 있던 수하르토 대통령의 집권 골카르(Golkar)당에 대한 지지율 (득표율)이 지난번 총선거 때 보다 무려 5퍼센트나 하락하고 있기 때문이다.

　지난번 총선거시 골카르당에서 이탈한 표의 대부분은 고(故) 수카르노 전대통령의 장녀인 메가와티 여사가 이끌었던 민주당(PDI)으로 갔다. 게다가 1996년 7월 민주당의 당내 내분으로 메가와티 여사가 당수직에서 축출됨으로써 일부시민들과 저소득 계층의 추종자들이 반발하여 과격시위가 촉발되기에 이르렀다. 이렇게 되자 서방세계 뿐만 아니라, 과거 유사한 역사를 체험했던 한국인들 마저도 인도네시아 사태가 1980년 광주 민주화로 비화되는 계기로 이어지지 않을까 우려한 적이 있었다.

그러나 인도네시아는 매우 독특한 정치문화를 가지고 있는 나라다.

우선, 독립 이전에 만들어져 오늘까지 개정없이 유지되고 있는 인도네시아의 헌법은 직능그룹(Functional Group)의 일원으로서 군부의 '정치와 국방'이라는 이중기능(dual function)을 명시하고 있다. 공산당의 쿠데타 기도를 군부가 저지한 1965년 9·30사태는 수하르토로 하여금 합헌적으로 군부가 정치에 참여할 수 있는 길을 열어 준 계기가 되었다. 이로 인하여 수하르토는 지난 30년 동안 군부와 집권 골카르(Golkar)당을 중심으로 정치적 안정과 경제발전을 효과적으로 이룩할 수 있었다.

또한 이 나라의 국가 이데올로기인 '다양성 속의 통일성'(Unity through Diversity)이 인도네시아적인 모든 것을 함축하고 있음에 주목해야 할 것이다. 14,000여 개의 섬, 515종의 서로 다른 언어, 240여 종족으로 구성된 2억 인구의 거대한 도서국가인 인도네시아, 이 인도네시아를 물리적 통제력을 갖춘 군부 이외의 어떤 정치세력도 효과적으로 통치하기에는 아직 이르고 역부족이라는 것이 이 나라 국민의 폭넓은 인식이다.

따라서 수하르토 대통령은 군부의 지지를 적극 유도하여 건강에 큰 문제가 없는 한 5년 임기의 7선(1998~2003) 대통령에 취임할 것으로 보인다. 또한 인도네시아는 명실상

부하게 '국가의 정치적 통일'을 유지하기 위해서 혹은 이를 이유로 금후 상당기간 어떠한 형태로든 군사문화를 바탕으로 한 세력들이 국가의 중추를 이룰 것이 확실하다. 일례로 이 나라에서 지난해 발생한 자카르타 소요나 티모르(Timor) 사태, 외채누적, 종족 간의 갈등 등이 모두가 간과할 수 없는 중대한 국가적 사건임에 틀림없으나 '정치적 통일에 위협'을 이유로 '아무 것도 아닌 사소한 일'로 덮어 둘 수도 있다는 데에서도 이 나라가 '정치적 통일'을 얼마나 중시하는지 엿볼 수 있다.

　서세호(徐世鎬) 장군의 저서 '미래의 대국 인도네시아'는 시의적절하게 우리 앞에 등장한 셈이다. 지난 20년 동안 필자 서 장군은 인도네시아를 움직이는 군부를 가장 가까이서 지켜본 한국인이다. 인도네시아의 국제사회에서의 위치나 대(對) 한국 관계를 새삼스럽게 들춰낼 필요도 없이 작금의 정치 경제적 관계 만을 미루어 보아도 이 나라는 21세기의 아·태시대를 지향하는 한국과 한국인이 가장 가까이 해야할 나라임이 분명하다.

　인도네시아와 이 나라를 움직이는 군부에 관한 간결하고 명쾌한 내용들이 '미래의 대국 인도네시아'에 빠짐없이 수록되어 있다. 서 장군은 무관의 신분으로 인도네시아 군부를 통찰하면서도 인도네시아에 관심을 가진 국내외 학자들의 고견도 잊지않고 인용하고 있다.

"금덩이 비가 쏟아지는 남의 나라보다 돌맹이 비가 쏟아지는 내 나라"(Hujan emas di negeri orang, hujan batu di negeri sendiri)는 인도네시아인들이 자주 인용하는 속담이다. 서세호 장군은 돌맹이 비를 맞으며 금덩이를 줍는 방법을 터득하고 '미래의 대국 인도네시아'를 통해 그 비법을 독자들에게 훌륭히 알려 주고 있다.

〈한국외국어대 교수, 정치학 박사〉

책을 내면서

적도를 가로지르고 있는 이 곳 인도네시아와 인연을 맺게 된 지도 어언 20여 성상이 되었다. 지금과는 격세지감이 있지만 1970년대 만 하더라도 인도네시아는 우리에게 낯선 땅으로서 막연히 자원이 풍부한 열대 정글의 나라 정도로 알려졌을 뿐이었다.

필자는 1976년 군 유학생의 신분으로 인도네시아와 첫 인연을 맺은 후 이를 계기로 지난 10여년 간 이곳에 주재하는 대사관의 국방무관으로 재임해 왔다. 멀리 이역남방에서 오랜 세월을 지내다 보니 남모르는 애환도 많았지만, 인도네시아에 대한 애착과 정도 그만큼 깊이 들게 되었다.

인도네시아에 대해 상식이 있는 사람이라면 누구나 알고 있듯이 이 나라는 아세안(ASEAN)과 비동맹을 주도해 나가고 있는 잠재적 강대국으로서 무한한 가능성을 지닌 나라이다. 350여년에 걸친 네덜란드의 긴 식민지배에서 벗어나 1945년 독립을 이룩한 인도네시아는 초대 수카르노 대통령의 구질서(Old Order) 정부를 거쳐 현재의 수하르토 대통령이 1967년 집권과 함께 신질서(New Order) 정부를 출범시켜 오늘에 이르고 있다.

수하르토의 신질서 정부가 들어선 이후 지난 30년 간에 걸쳐 인도네시아가 경이적인 경제발전을 이룩할 수 있었던 것은 다분히 정치적인 안정에 기인한 것으로 볼 수 있으며, 이러한 안정은 배후에서 견인 역할을 해 온 군부의 확고한 지원과 뒷받침이 있었기에 가능하였다.

과거의 역사를 통해서도 알 수 있듯이 인도네시아는 국토가 섬과 섬으로 분리되어 있을 뿐 아니라, 다민족과 다문화로 구성되어 있어 어느 모로 보나 분열 가능성이 많은 나라이다.

그럼에도 불구하고 지금과 같이 통일된 인도네시아를 이끌어 올 수 있었던 것은 다름아닌 강력한 통제력을 지닌 군부와 국민들의 정신적인 지주 역할을 하고 있는 이슬람이라는 종교가 상호 조화속에서 결속되어 온 결과라고 볼 수 있다.

이곳에 재임하는 동안 필자는 인도네시아의 특수한 정치 환경과 이를 움직이고 있는 지도층의 역학 관계에 대해 깊은 관심을 가지고 지켜보아 왔다. 특히 독특한 군 조직과 군의 이중기능을 통해 정치적인 안정을 조화롭게 이루어 나가고 있는 지혜에 대해서는 오래 전부터 나름대로 자료를 정리해 두고 싶은 심적 충동을 느끼게 되었다.

 이러한 마음이 발단이 되어 그동안 필자가 틈틈이 수집해 온 자료와 경험을 바탕으로 인도네시아 신질서 30년 간의 정치 질서와 경제, 사회의 흐름을 정리하여 부족하나마 한 권의 책으로 엮어내게 되었다.

 이제 21세기를 앞두고 있는 우리는 인도네시아가 지닌 무한한 잠재력과 가능성을 다시 한 번 눈여겨 보아야 할 때가 아닌가 생각한다. 이런 점에서 이 책이 인도네시아에 관심이 있는 모든 분들에게 다소나마 도움이 되었으면 한다.

 이 책이 나올 수 있기까지 주위에서 많은 도움과 격려를 보내주신 여러분들께 사의를 표한다. 특히 군 관계 자료 제공에 협조해 준 인도네시아 통합군사령부의 티뻬(Tippe) 대령, 집필방향에 대해 조언해 준 임번삼 박사, 원고 정리에 애써준 주 인도네시아 한국 대사관의 동료직원 여러분과 후배 김기한 소령, 그리고 어려운 여건속에서도 이 책을 출간하여 주신 서문당의 최석로 사장께도 감사를 드린다.

 아울러 그동안 군인의 아내로서 온갖 어려움을 참으면서 묵묵히 내조해 온 아내에게도 이 자리를 빌어 고마움을 전하고 싶다.

1997년 3월
자카르타에서
서 세 호

미래의 대국 인도네시아

차 례

〈추천의 말〉/3
〈책을 내면서〉/7

제1장. 인도네시아는 어떤나라인가?/17

1. 세계적인 자원의 보고/19
2. 다민족 다문화의 나라/23
3. 낙천적인 국민성/29
4. 이슬람화된 사회관습/33
5. 지상의 낙원, 발리/39
6. 인도네시아의 골칫덩이, 동(東) 티모르/44

제2장. 인도네시아의 어제와 오늘/49

1. 인도네시아의 원주민은 어디서 왔는가?/51
2. 힌두교와 불교, 그리고 이슬람/55
3. 네덜란드의 식민통치/59
4. 독립을 이끈 민족운동/62
5. 초대 대통령, 수카르노/65
6. 신질서(New Order)시대를 연 수하르토/69

제3장. 정부 기관과 권력구조/73

1. 정부의 권력구조/75
2. 인도네시아식 민주주의, 판짜실라/78
3. '45년 헌법'이 제정되기까지/81

4. 국민대표기관인 국민협의회/85
　　5. 미약한 국회의 기능/90
　　6. 임기가 보장된 내각/93
　　7. 여대야소의 정당활동/96

제4장. 경제와 전략산업/101
　　1. 경제개발이 최우선 정책/103
　　　1) 기초가 허약한 경제구조/103
　　　2) 의욕에 찬 경제개발/107
　　　3) 세계가 탐내는 천연자원/109
　　　4) 서방의 끝없는 경제지원/113
　　　5) 경제개발의 주역, 화교집단/117
　　2. 전략산업에 거는 기대/123
　　　1) 하비비(Habibie) 장관의 집념/123
　　　2) 항공기를 조립생산하는 나라/126
　　　3) 현대시설의 조선소/130

제5장. 인도네시아를 움직이는 군부/135
　　1. 인도네시아 군의 역사/137
　　　1) 인도네시아 군이 태어나기까지/137
　　　2) 군 조직의 대폭적인 개편/140
　　　3) 군의 운용전략/142

2. 인도네시아 군의 편성/145
　　1) 상징적인 국방성/145
　　2) 통합군사령부/148
　　3) 육·해·공군과 경찰군/151
　　4) 특수기관/157
3. 인도네시아 군의 이중기능/161
　　1) 군이 이중기능을 갖게 된 것은/161
　　2) 정치를 움직이는 군/165
　　3) 군의 정치참여에 대한 인식/169
　　4) 군의 정치참여는 언제까지/172
4. 인도네시아 군의 대내외 활동/176
　　1) 인접국과의 활발한 군사교류/176
　　2) 유엔 평화유지군, 가루다(Garuda) 부대/178
　　3) 새마을 운동에 참여하고 있는 군/181
　　4) 대민활동을 전담하는 '코담'(KODAM) 사령부/184
　　5) 군이 운영하는 기업/187

제6장. 수하르토의 신질서(New Order) 등장/191
1. 수하르토 장군의 등장/193
　　1) 공산당 준동과 정국 혼란/193
　　2) 서부 이리안 평정작전의 주역, 수하르토 장군/196
　　3) 9·30 공산당 구테타/199
　　4) 정치적으로 부상하는 수하르토 장군/203

2. 질서회복사령부의 공산당 색출/208
　　1) 사회기강을 잡은 질서회복사령부/208
　　2) 새롭게 변신한 국가안정지원본부/211
3. 반정부 인사의 사면/214
　　1) '50인 탄원자' 그룹/214
　　2) 반정부 인사의 사면/216

제7장. 신질서(New Order) 시대의 군부/219

1. 수하르토와 군부/221
2. 수하르토의 측근 장군들/224
　　1) 청렴결백한 유숩 장군/224
　　2) 정보통, 베니 무르다니 장군/229
　　3) 부드러운 미소의 트리 장군/237
　　4) 근면 성실한 에디 장군/240
　　5) 수하르토의 인척, 위스모요 장군/244
　　6) 수마트라 출신의 탄중 장군/249
　　7) 정치감각이 뛰어난 하르토노 장군/253
3. 새로운 군부 실세/257
　　1) 대통령의 전속부관 출신들/257
　　2) 차세대 엘리트들/259
4. 권력승계와 군부/263
　　1) 권력승계 준비는 되어 있다/263
　　2) 아리송한 후계구도/264

3. 군부의 지지가 최대 변수/268

제8장. 가까운 이웃, 인도네시아/273
1. 우리와 가까워지고 있는 나라/275
2. 아세안과 비동맹 외교의 거점/277
3. 긴밀한 군사교류/280
4. 더욱 활발해진 통상과 자원협력/283
5. 매력있는 투자대상국/291
6. 우리 기업이 관심 둘 사항/294

제9장. 애환의 무관생활 10년/301
1. 인도네시아와의 첫 인연/303
2. 육군참모총장이 된 군 동기생/306
3. 안되는 일도 해내야 하는 고충/308
4. 인도네시아 정부의 훈장을 받다/312
5. 북한 해군사령관과 만나다/315
6. 외교관의 '세일즈 맨' 역할을 실감하다/320

〈인도네시아 한인사회의 진출 활동〉/325
〈참고문헌〉/349

제1장 인도네시아는 어떤 나라인가?

1. 세계적인 자원의 보고

▲ 인도네시아 전역은 화산대로 연결되어 지금도 100여 곳에서 화산활동이 계속되고 있다.

　인도네시아는 적도를 사이에 두고 크고 작은 섬으로 이루어진 세계 최대의 도서국가이다. 이들 섬의 전체 숫자는 지금까지 14,000여 개로 알려져 왔지만 1996년도 인도네시아 정부의 공식 자료에 의하면 그 숫자는 정확히 17,508개

▶ 적도를 사이에 두고 크고 작은 섬으로 이루어진 세계 최대의 도서국

에 이른다. 이중 사람이 살고 있는 유인도는 6,000여 개로서 대표적인 큰 섬으로는 자바, 수마트라, 칼리만탄, 술라웨시, 이리안 자야등 5개를 들 수 있다. 옛부터 자원의 보고로 알려진 인도네시아는 15세기부터 향료를 찾아 이곳에 진출한 서양 사람들에 의해 적도상의 에메랄드라고 불리워졌다.

지리적으로 인도네시아는 인도양과 태평양을 연결하는 중간 위치에 있다. 동서 간의 거리는 5,120km로 서울에서 자카르타에 이르는 거리와 비슷하며, 남북으로는 1,900km

로서 아시아와 오세아니아를 잇는 위치에 있다. 시차는 서로 다른 3지역 시간대로 구분되어 동서간 2시간의 시차대를 갖고 있다. 영토의 면적은 약 200만㎢로서 한반도의 9배에 해당되며 그 외에도 580만㎢에 이르는 광대한 해양을 관할하고 있다.

최근, 유엔의 해양법 협약이 발효된 이후에 바다가 영토와 동일한 개념으로 인식되어가고 있음을 감안할 때 인도네시아는 장차 세계적인 해양대국으로 웅비할 수 있는 면

모를 갖추고 있는 잠자는 사자라고 할 수 있다.

　이 방대한 국토를 나타내는 말로서 수마트라의 서쪽 끝에서 이리안 자야의 동쪽 끝을 지칭하는 '사방(Sabang)에서 메라우케(Merauke) 까지' 라는 말이 있다. 이 말은 인도네시아의 넓은 국토와 통일된 국가를 상징하는 표현으로 초대 수카르노 대통령이 국민들의 조국애를 부추기기 위해 자주 사용하였다고 한다.

　기후는 적도상에 가로 놓여있는 관계로 고온다습한 열대성 기후에 연중 우기와 건기 두 계절로 구분된다. 매년 12월에서 3월사이는 비가 많이 내리는 우기로서 다소 시원함을 느끼지만, 6월에서 9월 사이는 비가 내리지 않는 건기여서 날씨가 몹시 무더워 이곳 기후에 익숙하지 않으면 곤욕스러울 때가 많다. 더욱이 기온이나 계절의 변화가 거의 없어 이곳에서 오래 생활을 하다 보면 시간 감각이 둔해지곤 한다.

　강우량은 연평균 1,000㎜ 정도이나, 지역에 따라 차이가 많아 수마트라의 고원지대는 6,000mm 이상인 반면, 동부 자바 지역의 경우는 900mm에 불과하다.

　인도네시아 전역이 화산대로 연결되어 지금도 100여 곳에서 화산 활동이 계속되고 있으며, 지진도 잦은 편이다. 동부의 이리안 자야와 누사 뗑가라 등지에서 심심찮게 강도 6~7도의 지진이 발생되고 있으나, 워낙 자주 있는 탓인지 이곳 사람들은 별로 신경을 쓰지 않는 듯하다.

2. 다민족 다문화의 나라

▲ 인도네시아 국가 이념인 판짜실라의 상징

　인도네시아의 인구는 1억 9,500만명(1995년 기준)으로 중국, 인도, 미국에 이어 세계 4위이다. 인종도 많아 소수 종족까지 합치면 240여 종족이 훨씬 넘어 다양한 인종 전시장을 방불케 하고 있다.
　이중에서 분포비율이 가장 높은 종족은 자바(Jawa)족이

---
1. 인도네시아는 어떤 나라인가?

며, 그 다음이 서부 자바의 순다(Sunda)족, 북부 수마트라의 바딱(Batak)족 순이다.

최근의 인구 통계자료에 의하면, 자바 지역의 인구는 전체 인구의 약 60% 수준인 1억 1,500만명, 수마트라는 약 20% 수준인 4,100만명 이상으로 밝혀지고 있으며 이 두 개의 섬에만 전체인구의 80%가 거주하고 있다.

지역(도서)별 인구현황

(1995년 기준)

지역(도서)	국토대비(%)	인구(명)	전체인구대비(%)
자 바	6.89	114,987,700	58.88
수마트라	24.67	40,969,500	20.98
술라웨시	9.85	13,771,600	7.05
칼리만탄	28.1	10,520,500	5.39
누사 떵가라	4.61	10,982,900	5.62
이리안 자야	21.99	1,956,300	1.01
말루쿠	3.88	2,094,700	1.07
	100	195,283,200	100

※ 자료 : 인도네시아 중앙통계국

사용하고 있는 언어(지방어)도 종족마다 달라 500여종에 달하고 있으며, 지역마다 살고 있는 종족이 상이하여 문화, 풍습도 가지각색으로 다양하다. 이와 같이 다민족, 다문화의 특성을 가지고 있는 인도네시아는 여러가지 만만치 않은 문제들이 파생될 수 있는 소지를 안고 있다.

더욱이 인도네시아와 같이 국토가 수 많은 섬으로 분리된 다종족 국가에서 국가의 통합 문제는 최대과제가 아닐 수

▲ 수도 자카르타 중심부의 야경.

없다. 이를 위해 이 나라에서는 국민을 하나로 묶어 주고 동질성을 유지하기 위해 로마자로 되어 있는 '바하사 인도네시아'(Bahasa Indonesia)를 공용어로 통일하여 사용하고 있다.

이 인도네시아어의 역사적 유래는 말레이(Malay)어에서 왔다.

7세기부터 15세기경에 이르기까지 남부 수마트라 지역의 팔렘방(Palembang)을 중심으로 번성한 스리위자야(Sri-wijaya) 왕국의 상인들 간에는 말레이어의 원조격인 멀라유(Melayu)어가 오랜기간에 걸쳐 사용되었다.

▶ 이리안 자야, 다니족들의
원시적인 생활모습

▼ 서부 수마트라에 있는
미낭카바우족의 전통주택

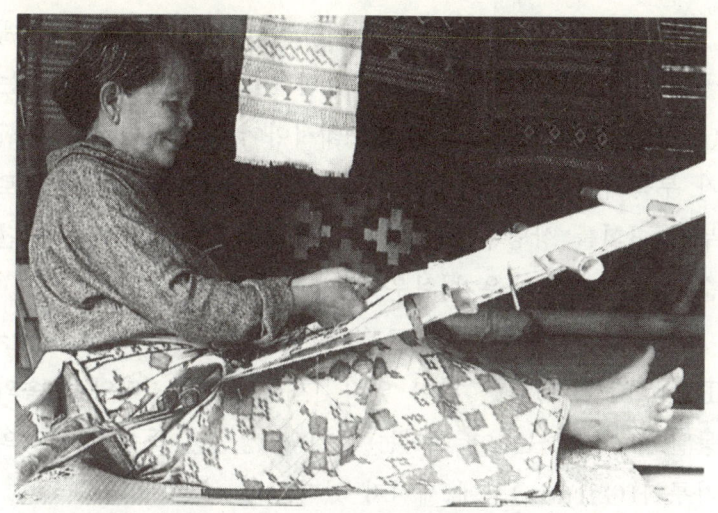
▲ 술라웨시 지방의 베짜는 여인의 모습

▲ 술라웨시, 토라자 지방의 장례행렬

1. 인도네시아는 어떤 나라인가?

이 언어가 인도네시아어의 기초가 되었으며, 독립 후에 공용어로 채택되어 오늘의 통일된 인도네시아를 이룩하는 데 큰 역할을 한 것이다. 인도네시아어는 신생어로서 어휘가 부족하여 영어, 아랍어, 포르투갈어, 네덜란드어 등으로부터 어휘를 상당수 차용하여 혼용하고 있으나, 시제가 단순하여 비교적 배우기 쉬운 언어로 알려져 있다.

인도네시아의 국가표어로 '빈네까 뚱갈 이카'(Bhinneka Tunggal Ika)라는 말이 있다. 자바 고어로 '다양성 속의 통일'을 의미하는 이 표어는 국가의 상징인 독수리 모양의 가루다(Garuda)상에 새겨져 있다.

'다양성 속의 통일'은 복잡한 다민족으로 구성된 인도네시아의 특성을 잘 표현한 말로서 하나의 언어, 하나의 문화와 전통을 위해서 서로의 필요성을 이해하고, 이것을 기초로 하여 통일된 국가를 이룩해 나간다는 의지를 담고 있다.

이와 같이 '다양성 속의 통일'이란 바로 인도네시아의 독특한 여건을 감안할 때 국가적인 존립을 가늠할 수 있을 만큼 대단히 중요한 의미를 내포하고 있다고 볼 수 있다.

3. 낙천적인 국민성

 일반적으로 인도네시아 사람들은 성품이 온순하고, 여유가 있으며, 늘 미소를 잃지 않는 낙천적인 국민성을 가지고 있다고 볼 수 있다. 이러한 국민성은 자연환경이나 풍요로운 식생활 여건에서 비롯되었다기 보다는 모든 것이 신의 뜻이라는 종교적 신앙에 기인하는 것으로 보인다.
 반면, 열대성 기후 탓으로 나태하고 근면성이 부족하다는 평판도 있다. 그러나, 요즘 자카르타 시내에 즐비하게 치솟는 고층건물의 공사장에서 밤낮 구분없이 일하는 모습을 보노라면 이들이 게으르다는 말은 옛말인 듯 싶다.
 대부분의 인도네시아 사람들은 대화중에 수식어를 많이 사용하여 핵심을 파악하기가 매우 어려울 뿐 아니라, 가부를 명확하게 표현하지 않는 것이 특징이다. 그래서 이들은 매사를 긍정적으로 말하는 듯이 보이지만, 결과는 부정적인 것이 많은 편이다.
 더욱이 이곳 사람들과 대화할 때에 신속한 결론이나 해답을 요구하는 것은 금물이다. 언성을 높이거나 욕지거리를

▲ 수마트라 지방의 전통의상   ▲ 발리 여인의 성인식 치장

한다든지 서로 다투는 행동도 거의 찾아볼 수 없을 정도로 양순한 국민성을 지니고 있다.

그렇지만 자존심에 조금이라도 상처를 받게되면 거세게 반발하는 일면도 있다.

자바인은 수카르노, 수하르토 대통령을 비롯하여 사회지도층 인사들을 가장 많이 배출해 왔으며 전체 인구의 절반 이상을 차지하고 있어 국가정책이나 행정방침은 자연히 자바인 중심으로 펴나가고 있다고 해도 과언이 아니다. 더욱이 자바인들의 성품은 상대방을 존중하고 깊이있는 판단과 넓은 도량을 구비한 보수적인 기질이 강하며 이들의 습성은 흡사 우리나라의 점잖은 양반들의 행동거지와 유사한 점이 많다.

수마트라인은 다소 직선적이면서 거칠어 보이나, 대단히

▲ 술라웨시 토라자 지방 사람의 모습   ▲ 이리안 자야의 다니족

활동적인 사람들로서 오래 사귈수록 관계가 돈독해 진다고 한다. 특히 수마트라 북부의 바탁(Batak)인들 중에는 기독교 신자가 많으며 군인, 공무원, 학계에도 많은 인사가 진출해 있다.

술라웨시 사람들은 교육수준이 높아 인도네시아에서 문맹률이 가장 낮으며 성격도 온순한 편이다. 이들은 네덜란드 식민지 시대부터 책임감이 강한 종족으로 알려져 가장 좋은 대우를 받았다고 한다.

자바섬의 동북방에 위치한 마두라섬의 사람들은 기질이 사납기로 유명하여 성질을 부리게되면 흉기까지 서슴치 않고 사용한다고 한다.

인도네시아에서 가장 낙후된 지역인 이리안 자야 사람들은 피부가 검고 곱슬머리여서 생김새가 아프리카의 흑인과 유사하다. 이 지역 사람들은 사회 진출이 거의 없고 경제적 기반마저 매우 열악한 편이다. 그러나 이들은 강인한 체력을 바탕으로 운동선수로 많이 활동하고 있다.

일반적으로 인도네시아 국민성은 종교적 영향을 많이 받고 있는데 그중에서도 이슬람교는 국민들에게 순종과 인내를 가르치고 있다.

이들은 내일의 일에 대해 크게 걱정하지 않는 편이며 어떤 사회모순에 대해 저항하고 개혁하려는 의지보다는 오히려 순종의 미덕에 더 익숙해져 있는 것처럼 비춰지고 있다.

4. 이슬람화된 사회관습

　인도네시아는 지역이나 종교에 따라 다양한 전통과 사회 관습을 가지고 있다. 모든 국민은 종교를 반드시 가져야 한다고 '건국 5원칙'에 명시되어 있을 정도로 국민들의 종교에 대한 의식이 대단히 높다. 그 중에서도 이슬람 신자는 전체 인구의 88%인 약 1억 6천만 명으로 절대 다수를 점유하고 있어 자연히 이슬람화된 관습이 사회전반에 보편화되어 있다고 볼 수 있다.

　그러나 이슬람은 이 나라의 국교가 아니며, 전체인구의 10%가 넘는 기독교, 불교, 힌두교 등이 지역적으로 산재되어 있는 가운데 종교의 자유가 엄연히 보장되어 있다.

　이슬람교는 주로 자바 지역을 중심으로 하고 있고, 힌두교는 발리, 기독교는 북부 수마트라의 바탁(Batak) 지역을 중심으로 분포되어 있다. 또한 카톨릭은 동 티모르 지역과 중국화교 계층에서 많이 신봉하고 있다.

　이와 같이 종교가 다양한 가운데서도 종교간의 분쟁이 극히 적은 것은 종교의 자유가 보장되고 있다는 측면도 있

▲ 아시아에서 제일 큰 규모의 이스틱랄 이슬람 사원(자카르타 소재)

지만 절대다수의 위치에 있는 이슬람이 무게 중심적인 역할을 잘 해내기 때문인 것으로 보고 있다.

인도네시아의 이슬람은 중동의 이슬람과 비교해 볼 때 매우 큰 차이가 있다.

중동의 이슬람은 '코란이 아니면 칼' 즉, 용기와 영웅적 성격이 강하지만 인도네시아의 것은 이런 모습과는 거리가 멀다고 볼 수 있으며, 인내와 관용, 그리고 포용력을 가지고 있다는 점에서 큰 대조를 이루고 있다.

인도네시아의 이슬람 조직은 크게 두가지로 분류할 수 있다. 하나는 전통 이슬람으로서 원리주의를 강조하는 '싼트리'(Santri)이며, 다른 하나는 대중적이면서 자유 분방한

이슬람에 속하는 '아방안'(Abangan)이다. 비공식 통계에 의하면 인도네시아 이슬람의 70% 정도가 이 '아방안'에 속한다.

'싼트리'에 속해 있는 이슬람 단체는 여러 개가 있는데 그 중에 대표적인 것이 사회봉사 활동에 주력하고 있는 '무함마디아'(Muhammadiyah)와 농촌 지역을 중심으로 이슬람의 혁신운동을 전개하고 있는 '나흐다뚤 울라마'(NU)가 있다. 그리고 최근에는 이슬람의 지식인 그룹으로 불리워지며, 정치적인 성향을 풍기고 있는 '이치미'(ICMI)라는 단체가 등장하였다.

한편, 도시나 시골 어느 지역을 가든지 주민들이 모여 사는 곳이면 의례히 흰색 바탕의 돔식 모스크(사원)가 우뚝 서 있는 것을 보게 된다. 이 모스크에서 새벽부터 울려 펴지는 독경소리는 어디서나 들을 수 있는데, 이 소리에 익숙해지지 않으면 잠자는데 방해가 될 정도로 소란스럽게 들리곤 한다.

그리고 사무실 등 공공건물마다 '무솔라'(Musholla)라는 기도하는 공간이 설치되어 있는데 이슬람 신자들에게는 없어서는 안될 중요한 시설물이다. 하루에 다섯 차례에 걸쳐 정해진 기도시간에 손과 발을 깨끗이 씻은 후에 성지인 메카(Mekah)를 향해서 정성스럽게 기도하는 그들의 신앙 가짐은 대단히 열성적으로 보인다. 특히 금요일 낮시간인

11시 반경 부터 한 시간 동안은 이슬람 사원에 가서 기도하는 시간으로 정해져 있어 어느 누구도 이 시간 만큼은 방해해서는 안되는 불가침의 시간이기도 하다.

공공집회장에서는 의례히 아랍어로 된 '와쌀람 우알라이쿰..' 즉 '신의 축복을 기원합니다'라는 인사말을 서로 주고 받는 것이 이곳 이슬람사회의 기본 예의로 되어 있으며, 이슬람을 상징하는 검은색(또는 흰색)의 둥근 페찌(Peci) 모자가 정장차림의 장구가 되고 있다.

이슬람에서 가장 중요하게 여기는 단식월인 라마단(Ramadhan)은 이슬람 달력의 9번째 달로서 1개월간 계속된다.

단식은 이른 새벽부터 해지는 시각까지 계속되는데 한 모금의 물은 물론, 담배도 일체 입에 대지 않는다. 단식을 통해 신앙적인 자질을 성숙시키는 중요한 의식으로 간주하고 있기 때문이다.

하루의 단식이 끝나면 '부까 뿌아사'(Buka Puasa)라고 해서 가족이나 직장 등의 친분있는 사람들이 모여 요란한 저녁식사를 함께 나누면서 교제의 시간을 갖는 관습도 일반화되어 있다. 그래서 단식기간 중에는 관공서 업무가 제대로 이루어지지 않을 뿐 아니라, 기업활동 마저도 자연히 위축받게 된다.

또한, 1개월간에 걸친 단식월이 끝나는 날이 바로 '레바란'(Lebaran)이다. '이둘 휘트리'(Idul Fitri)라고 불리워지는 이 날은 이슬람 교도들에게는 설날과도 같은 축제의 날이기도 하다.

이때에는 선물을 사들고 고향의 부모친지를 찾아나서는 귀성인파들의 대이동으로, 항공기, 버스, 열차, 선박 등 모든 수송수단은 대 혼란 속에서 비상이 걸리게 된다. 공무원의 경우는 일반적으로 연중 10여일 정도의 공식적인 휴가가 인정되지만, 이 레바란 기간 중에는 1~2주간 자리를 비워도 양해가 되고 있다.

그리고 건강하면서 생활에 여유가 있는 이슬람 교도들에게는 일생동안에 한번 정도는 성지인 메카를 순례하는 것이 의무로 되어 있으며 성지순례를 마치게 되면 '하지'(Haji)라고 하는 경칭도 부여받게 된다.

그러나 인도네시아의 이슬람은 중동의 정통 이슬람과는 달리 개방화 되어 융통성이 있어 보인다. 중동지역에서는 감히 상상할 수 없는 음주행위도 이곳에서는 묵인되고 있으며, 특히 여성들의 자유로운 사회참여가 보장되어 여성활동이 대단히 활발한 편이다.

인도네시아를 포함하여 이슬람 국가에는 공통적인 금기사항이 있다.

우선 음주는 물론 돼지고기나 양서류 등을 먹지 않는다.

아울러 왼손 사용도 에티켓상으로 대단히 실례가 된다.

인도네시아에는 한때 이슬람 율법에 의한 일부다처제가 인정되어 능력만 있으면 여러 명의 부인을 거느릴 수 있었다.

그러나 근래에 와서는 다소 까다로운 제한조건이 가해지고 있어 다처제가 점차 사라지고 있는 실정이다. 가령 본 부인이 임신이 불가능할 경우에 첩을 둘 수 있어, 사전에 본 부인의 동의가 필요하며, 생계에 대한 책임을 지고 부인에 대한 차별 대우를 해서도 안된다고 가족법에 규정하고 있다. 특히 공무원의 경우는 축첩에 대한 사유가 뚜렷해야 하며, 상사의 동의가 있어야 한다고 규정하고 있어, 사실상 금지된 상태이다.

인도네시아 국민들이 소중하게 여기는 전통적인 사회관습의 하나로 '고똥로용'(Gotong royong) 정신이 있다. 이 말은 "함께 도우면서 일한다"는 상부상조의 뜻이다. 농촌지역의 모내기나 추수 등에 마을주민들이 공동으로 참여하고, 도시의 방범활동이나 거리의 청소 등도 자율적으로 실시하여 서로 도우면서 사회질서를 이룩해 나가는 협동정신인 것이다.

우리나라의 새마을 운동과 유사한 이 '고똥로용' 정신을 정부에서는 농촌사회의 발전을 위한 실천운동으로 정하고 이를 적극 장려해 나가고 있다.

5. 지상의 낙원, 발리

 인도네시아를 모르는 사람도 발리(Bali)는 잘 알고 있을 정도로 발리는 인도네시아를 대표하고 있는 세계적인 휴양지이다. 자바섬의 동쪽 끝에 위치하고 있는 발리는 화산이 만들어낸 걸작품으로서 제주도 3배 크기의 면적에 290만의 인구가 살고 있다.
 발리섬의 문화를 이야기할 때 힌두교를 빼놓고는 이야기 할 수 없을 정도로 발리는 힌두교와 깊이 밀착되어 있다. 발리는 산스크리트(Sanskrit)어로는 와리(Wari) 즉 제물을 의미한다고 한다.
 이와 같이 발리는 관광휴양지로서 각광받고 있지만 발리의 전통문화인 춤이나 조각, 그림 등은 본래 신에게 바치는, 그리고 신을 즐겁게 하기 위해 만들어진 것이다. 그래서 발리는 '신과 축제의 섬'으로 불리워지기도 한다.
 인도네시아가 이슬람권에 있으면서도 유독 발리만이 힌두교를 신봉하고 있는 데는 역사적인 배경이 있다. 원래 힌두교는 인도에서 자바섬으로 전파되었으나, 15세기경에 자

1. 인도네시아는 어떤 나라인가?

▲ 화산이 만들어낸 지상의 걸작품이라는 발리의 해변

바섬 전체가 이슬람 세력권으로 들어오면서 힌두교의 승려나 예술가들이 발리섬으로 이주하여 독자적인 힌두문화를 형성하게 되었다.

발리에는 힌두교의 신비한 문화와 전통이 잘 보존되어 있는데 이는 힌두교도들의 단결로 외세 영향을 적게 받은 탓이라고 한다. 과거 네덜란드도 수차에 걸쳐 발리 지배를 시도하였으나 힌두교도들의 완강한 저항으로 전면적인 지배에는 실패하였다.

발리 주민의 95%가 힌두교도이며 발리 전역에 걸쳐 3만여 개의 힌두사원이 있다. 발리 사람들에게는 힌두교가 그들의 생활 자체라고 할 정도로 종교적인 삶으로 일관되어

▲ 호수 한가운데 세워진 발리의 힌두교 사원

있다. 집집마다 또는 마을 단위로 제물을 차려놓은 사당들을 어디서나 볼 수 있다. 경제적 여유가 있는 사람일수록 사당의 규모는 커지며, 숫자도 많아 진다고 한다. 이렇게 발리인들은 항시 신들의 보호 속에서 생활하고 있다고 믿고 있는 것이다.

이와 같은 특유의 힌두문화와 아름다운 해변의 전경, 그리고 원시적인 농경문화가 서양인들에게 널리 알려지면서 발리는 인도네시아에서 관광객이 가장 많이 몰리는 지역이 되었다. 발리섬의 남쪽에 위치한 꾸타(Kuta)와 사누르(Sanur) 해변에는 야자수가 드리워진 드넓은 백사장이 맑고 푸른 바다를 따라 길게 뻗어 있어 일년 내내 해수욕과 눈부신 햇빛을

▲ 발리 힌두교인들의 제례 행렬

즐기면서 원시적인 아름다움을 느낄 수 있는 곳이기도 하다.
 특히 꾸타 해변에서 가슴을 모두 드러내 놓고 해안을 활보하는 서양 여성들을 보고 있노라면 이곳이 과연 이슬람 문화권 의 인도네시아인가 의심스러워지기도 한다. 그래서 인도네시아의 식자층에서는 서양문물에 오염되어가고 있는 현실을 우려하여 거센 비판의 목소리를 높여가는 움직임도 있다.
 발리에서 놓칠 수 없는 구경거리의 하나로 힌두문화에서 유래된 '발리춤'을 들 수 있다.
 얼핏보면 자바 지역의 춤과 비슷해 보이기도 하지만 템포가 더욱 빠르고 격렬하면서도 눈과 얼굴, 손가락의 움직임이 대단히 유연스러워보인다.

그리고 발리에서는 힌두교의 달력인 '우쿠'(Uku)가 별도로 통용되고 있으며 한달은 35일, 일년은 420일로 되어 있다. 마을 곳곳에 즐비하게 서 있는 사원에서는 이 달력에 의해 그들 나름대로의 종교적인 축제의식이 거행되고 있다. 축제일이 되면 이곳 사람들의 발걸음은 더욱 힘차게 보이기도 한다. 왜냐하면 신들과 더불어 살고 있는 그들이기에 신을 위한 축제에 신명이 날 수 밖에 없기 때문이다.

6. 인도네시아의 골칫덩이, 동(東) 티모르

자바와 이리안자야 사이의 내해에 위치하고 있는 작은 섬인 티모르(Timor)섬은 행정구역상으로 동북부의 동 티모르와 서남부의 서 티모르로 나눠진다. 동 티모르섬의 주민은 약 86만명(1995년 현재)이고 주민의 90%가 콩, 커피, 벼 농사에 종사하고 있으며, 다수가 카톨릭을 신봉하고 있다.

티모르섬은 16세기부터 포르투갈, 네덜란드, 스페인 등 서구 제국주의 국가로부터 차례로 시달리면서 비극의 역사가 시작된다.

17세기 이후부터 서 티모르는 당시 인도네시아를 지배하던 네덜란드, 동 티모르는 포르투갈의 식민지배를 받아왔다.

이에 따라 서 티모르는 2차 대전후에 인도네시아 영토로 자동편입되었으나, 동 티모르는 계속 포르투갈령으로 남아 있었다.

1970년대초 포르투갈 정부가 내란으로 동 티모르에 대한 영향력이 약화되자, 그 틈을 이용하여 후레틸린(Fretilin)

이라는 좌경성향의 정치단체가 동 티모르의 독립을 주창하면서 사회주의 국가들에게 지원을 요청하는 일이 벌어졌다.

인도네시아는 동 티모르에 좌경정부가 수립될

▲ 동 티모르의 독립을 요구하고 있는 동 티모르 군중

경우에 자국의 안보에 지대한 영향을 미칠 것을 크게 우려하여 포르투갈 정부에 대해 적절한 대책수립을 요청했으나, 포르투갈의 좌경 고메즈(Gomez) 정권은 속수 무책이었다.

이에 인도네시아는 1975년 11월에 정부군을 투입하여 무력으로 동 티모르를 합병하고 인도네시아의 27번째 주로 편입시켰다.

이와 같이 동 티모르가 인도네시아의 영토로 합병되었으나 독립을 주창하는 반정부 단체들의 활동은 그치지 않았다.

특히 1991년 11월에 동 티모르의 딜리(Dili)에서 독립을 요구하는 대규모 반정부 시위가 일어나 군이 시위대에 무차별 발포하는 사태가 발생하였다. 당시 외국 언론에서는 이 사건을 'Dili 대학살'이라고 지칭하면서 사망자만 100여 명에 이른다고 보도한 바 있다. 더욱이 포르투갈 정부와 유엔산하의 인권단체 등에서는 군의 발포 책임자에 대한 처벌을 요구하는 등 국제적 관심이 이 지역에 집중되기에 이르렀다.

마침내 인도네시아 정부에서는 국제적인 여론에 못이겨 당시 동 티모르 지역의 관할 작전지휘관인 신통(Sintong) 소장을 이 사건에 대한 책임을 물어 해임함으로써 사태가 일단 마무리 되었으나 이 딜리사건은 수하르토 집권기간 중에 일어난 가장 곤욕스러웠던 사건의 하나로 기록되고 있다.

그러나 1992년에 후레틸린 단체의 주동인물인 구스마오(Gusmao)가 인도네시아 정부군에 의해 체포됨으로써 동 티모르에서의 독립운동은 일단 소강 국면으로 접어들게 되었다. 이 사건을 계기로 하여 이 조직은 점차 와해되기 시작하였고 반정부 활동 역시 크게 위축되었다.

그후 동 티모르 지역에 대한 정부의 집중적인 개발정책이 주효하여 지금에 와서는 어느 정도 평온을 유지하고 있다. 그러나 아직도 이 지역은 치안불안을 이유로 외국인의 방문이 엄격히 통제되고 있으며, 5개 대대 규모의 군병력이 치안 유지를 위해 상주하고 있는 실정이다.

1996년 7월에 정치사회 전문가인 다르윈(Darwin)은

"인도네시아는 동 티모르에 대한 영토의 통합은 이룩하였으나 아직도 정치, 경제, 사회, 문화, 종교 등은 통합되지 못한 상태"라고 하면서 그 예로서 "동 티모르는 450년 간 포르투갈의 식민지로서 사회적 여건이 인도네시아와는 판이한 가운데 이지역 주민 대다수가 공용어인 인도네시아말 조차도 제대로 구사하지 못하고 있다"고 지적하였다.

그동안 유엔의 중재로 인도네시아와 동 티모르의 독립을 지원하고 있는 포르투갈 정부간에 회담이 열리기도 했으나, 회담은 성과없이 끝났고 동 티모르의 독립을 위한 투쟁은 지금도 계속되고 있어 인도네시아의 고민거리가 아닐 수 없다.

한편, 1996년도 노벨 평화상의 수상자로 인도네시아로부터 분리독립을 주장하면서 비폭력으로 사태를 해결하려고 노력해온 동 티모르의 카를로스 벨로(Carloss Belo) 주교와 독립운동가인 라모스 오르타(Ramos Horta)가 선정되었다. 이것은 바로 동 티모르 문제에 대한 세계적인 관심을 잘 반영하고 있는 것이다.

종교, 언어, 생활관습의 모든 면에서 이질성을 띠고 있는 동 티모르가 다른 지역, 특히 자바 사람들과 인위적인 동질화를 이루기 위해서는 앞으로도 긴 시간이 필요할 것으로 보여진다.

제2장 인도네시아의 어제와 오늘

1. 인도네시아의 원주민은 어디서 왔는가?

  인도네시아는 우리가 알고 있는 것보다 오랜 역사를 가지고 있는 나라다. 지금까지 알려진 자료에 의하면 기원전 4백만년 빙하시대 이후 아시아 대륙이 일부 잠식되면서 자바섬 등이 아시아 대륙에서 분리 형성되었으리라 추정되고 있다.

  인도네시아에 어떤 원시인이 거주하고 있었는지에 대해서는 일치된 학설이 없으나, 진화론적 학설로는 직립보행의 '자바인'(Jawa man)이 이미 50만년 전에 이 지역에 존재해 온 것으로 추정되어 왔었다.

  이 '자바인'의 발상지로 알려져 있는 자바는 인도네시아의 중심 도서중의 하나다.

  그러나 최근의 연구결과에 의하면 '자바인'은 사람이 아닌 원숭이의 일종이라는 사실이 밝혀져 인류기원에 대해 많은 논란이 일어나고 있다고 한다.

  지금까지 현생 인류의 조상으로 알려져 왔던 자바인의 발견 배경은 이러하다. 네덜란드의 젊은 외과의사였던 두

▲ 수도 자카르타에 있는 인도네시아 국립 박물관

보아(Eugene Dubois)는 1891년 당시에 네덜란드 식민지였던 중부 자바 지역의 솔로(Solo) 강변에서 어금니와 두개골의 화석을 발견하였다.

그는 이 화석이 지구상에 존재한 현생 인류의 직계선조라는 확신을 가지고 '자바인'이라고 명명하였다. 그는 50~100만년전의 것으로 추정되는 이들이 직립보행을 했으리라고 판단하여 피테칸트로푸스 에렉투스(Pithecantropus Erectus)라고 이름을 지었다.

그후 오랜 세월이 지난 1935년에 두보아는 자신이 자바 지역에서 발견한 두개골의 주인공은 사람이 아닌 원숭이의 일종이라고 고백함으로써 인류학계에 커다란 센세이션을 불러 일으키게 되었다.

그리고, 자신이 수집해 온 유골들이 인류의 직계조상임을 인정 받기위해 당시 사람의 뼈가 같이 발굴되었던 사실을 30년 간이나 숨겨왔다는 사실도 드러났다. 이렇게 하여 인도네시아의 첫 원주민에 대한 수수께끼는 또다시 영원한 역사적 미궁으로 빠져 들게 되었다.

어쨌든 '자바인'으로 알려졌던 이 화석의 두개골은 지금도 서부 자바의 반둥에 위치한 고생물학 박물관과 중부 자바의 족자카르타에 있는 가자마다(Gajah Mada) 대학교 두 곳에 보관되어 있다.

한편, 창조과학적인 인류기원론에서는 약 6,000년전에 중동에서 발생한 인류가 세계 각지로 이동을 하였으며, 기원전 2,000년경에 이곳까지 유입된 것으로 추측하고 있다.

인도네시아의 고대사를 보면 현재의 인도네시아 원주민은 기원전 3,000년에서 기원전 500년 사이에 아시아 지역으로부터 이주해 온 몽고족의 유민을 기원으로 하고 있으며, 기원전 1,000년경에는 인도대륙에서 인도-아리안계의 유민도 들어와 인도네시아 열도에 거주하게 된 것으로 전해지고 있다.

이와 같이 신석기시대부터 이곳에 원주민이 살면서 독자적인 문화를 이루어 온 것으로 추측되고 있으나, 상세한 내용은 아직 명확히 밝혀지지 않고 있는 실정이다.

2. 인도네시아의 어제와 오늘

기원 후에는 인도유민이 이 지역에 본격적으로 정착하기 시작하였으며, 인도의 아지 차카(Aji Caka) 왕자에 의해 산스크릿(Sanskrit) 언어와 팔라와(Pallawa) 문자가 소개되면서부터 진보된 문화를 형성하게 되었다. 그후 인도네시아와 인도 남부 지역간에 교역의 문이 점차 열리게 되면서 수마트라섬은 '황금의 섬'으로, 그리고 자바섬은 '쌀의 섬'으로 바깥에 널리 알려지게 되었다.

2. 힌두교와 불교, 그리고 이슬람

힌두교와 불교는 거의 같은 시기에 인도네시아에 전파되었다.

힌두교는 1~7세기 기간동안에 인도 상인에 의해서 전파되었는데, 초기에는 향료, 지하자원 등의 교역을 위해 왕래가 빈번했던 자바섬이 중심이 되었으나, 점차 인도네시아 전역으로 전파되었다.

그후 14세기에 이르기까지 힌두교는 인도네시아 문화에 큰 영향을 주었다. 지금의 칼리만탄 지역에는 쿠타이(Kutai) 힌두왕국이 건설되어 남부 인도의 나란다(Nalanda) 왕국과 종교와 문화교류를 가지면서 외교적 교류도 시작되었다.

한편 불교는 1~2세기경에 인도로부터 들어와 힌두문화와 일시적으로 공존하였으며, 특히 144년에 자바섬을 방문한 중국의 불교 성인인 화셴(Fa Hsien)의 영향을 크게 받아 불교가 널리 전파되었다. 그후 7세기 후반, 수마트라를 중심으로 스리위자야(Sriwijaya) 불교왕국이 건설된 후 자바섬까지 영향력이 확장되면서 불교문화는 그 전성기를

▲ 세계 7대 불가사의 중의 하나로 손꼽히는 보로부두르 불교사원

이루게 되었다.

족자카르타 근교에 위치하고 있는 보로부두르(Borobudur)사원도 바로 이 시기인 8세기경에 건립되었다. 이 사원은 화산 폭발에 의해 1,000여년 동안 땅속으로 자취를 감추었었으나 100여년 전에 새로이 발굴되어 세계 7대 불가사의 중의 하나인 불교유적으로서 평가를 받고 있다.

한편, 보로부두르 사원의 인접지역에 위치한 힌두교의 프람바난(Prambanan) 사원은 9세기경 힌두왕국에 의해 세워져 지금까지 그 웅장한 자태를 유지하고 있다. 이 두 사원은 당시 힌두교와 불교문화의 유적으로서 뿐만 아니라, 자바인들의 정신세계 속에 넘쳐 흐르는 예술적 재능이 정교하게 표현된 역사적인 문화유산의 하나로 인도네시아의 자랑스런 상징이 되고 있다.

1292년에 동부 자바를 중심으로 역사상 최대의 힌두왕국인 마자파히트(Majapahit) 왕국이 건설되어 한때 황금기를 이루기도 하였으나, 이슬람세력에 밀려서 힌두문화는 점차 소멸하게 되었다.

이와 같이 힌두교와 불교는 서로 공존하면서 인도네시아 문화발전에 많은 기여를 하였다. 그러나 힌두교는 왕국의 귀족종교로 문화의 꽃을 찬란하게 피웠으나, 카스트라는 계급제도를 바탕으로 하고 있어 서민을 위한 종교로 발전되기는 어려웠다.

그후 힌두교 세력은 자바동쪽에 위치한 발리섬지역으로 밀려나게 됨으로써 오늘날 발리섬이 인도네시아 힌두문화의 최후 보루 역할을 하게 되었다.

▲ 프람바난 사원의 장엄한 모습

이슬람교는 13세기 페르시아의 상인들에 의해 유입되어 자바 지역을 중심으로 교세가 확장되었다. 1522년에 포르투갈이 당시 서부 자바 지역의 '순다 꺼라파'(Sunda Kelapa)를 관할하고 있던 빠자자란(Pajajaran) 왕국과 상거래와 함께 군사요새 설치에 합의하자, 중부 자바 데막(Demak)의 이슬람 왕국은 이를 역겹게 여겨 왕의 사위인 화타힐라(Fa-tahillah) 장군을 파병하여 '순다 꺼라파'를 1527년에 점령하였다. 이를 기념하여 '순다 꺼라파'를 '자야 카르타'(Jaya Karta)로 명명하였는데, 이는 '대승리의 도시'라는 뜻으로서 오늘날 우리가 알고있는 '자카르타'(Jakarta)의 원이름이다.

당시 일반 서민들 사이에서는 계급의식이 강한 힌두교에 대한 거부감이 팽배해 있었기 때문에 이슬람교의 '신 아래 인간은 평등하다'라는 교리에 매료되기 시작하여, 그후 이슬람 교세는 인도네시아 전역으로 급격히 확산되어 대중종교로서 자연스럽게 정착하게 되었다.

이렇게 확장된 이슬람교는 16세기경에 소위 기독교 전파를 위해 등장한 식민세력의 출현과 함께 포르투갈, 네덜란드 등 열강들이 인도네시아로 밀려들어오게되자 이에 대한 항쟁세력으로 등장하여 호국종교로서의 역할도 하게 되었다.

3. 네덜란드의 식민통치

 16세기에 접어들면서 서구열강들의 원료 구입 경쟁은 인도네시아에까지 파급되었는데, 인도네시아와의 향료무역을 위해 1511년에 포르투갈이 처음으로 이 지역에 진출하였다. 이어 1521년에 스페인도 한차례 진출을 시도하였으나, 포르투갈과의 전쟁에서 패하게 되자, 결국 포르투갈이 인도네시아의 향료시장을 독점하게 되었다.
 한편, 네덜란드도 1598년 하우트만 선장이 상선을 이끌고 서부 자바의 반달(Bandar) 항에 처음으로 기항한데 이어 1602년에는 '네덜란드 동인도 회사'(Dutch East India Company)를 설립하고 포르투갈 세력을 축출함으로써 향료무역의 전권을 장악하였다. 이후 네덜란드는 '동인도 회사'를 거점으로 하여 350년 동안에 걸쳐 인도네시아 전역에 대한 식민통치의 길을 열 수 있었다.
 이때부터 네덜란드 식민정부에서는 커피, 담배를 강제 재배케하여 자바섬 전체가 네덜란드의 수탈 농장으로 변하게 되었다. 더욱이 인도네시아 원주민에게 무거운 세금이 부과

2. 인도네시아의 어제와 오늘

▲ 1830년경 디뽀네고르 왕자가 참가한 네덜란드 군과의 전투장면

되고, 사회 여러분야에서 통제를 강화하는 한편, 농장에서 나오는 재배이익까지 본국정부에 송금하게 되자 원주민의 불만은 날로 커지기 시작하여 식민정부와의 마찰이 빈번해지게 되었다.

그후 식민통치에 저항하는 인도네시아 국민들의 독립의지는 자바, 수마트라, 발리 등 여러 곳에서 동시에 불붙기 시작하였으며, 독립전쟁의 영웅도 이때 많이 나오게 되었다. 그중에서도 중부 자바지역의 디뽀네고르(Diponegoro) 왕자는 1825년부터 5년 간 계속된 '자바전쟁'에서 네덜란드 군과 싸운 독립전쟁의 영웅으로서 지금까지 역사에 전해지고 있다.

이와 함께 1873년부터 1903년까지 지속된 수마트라 북단지역의 아체(Aceh)에서 발발한 독립전쟁이 특히 유명하다. 이 전쟁은 결국 네델란드의 승리로 끝나기는 하였으나, 무려 30년 간이나 계속된 치열했던 전쟁으로 희생자만도 10여 만명에 달하였다

4. 독립을 이끈 민족운동

　아체전쟁이 종식된 지 5년 후인 1908년에 최초의 독립 조직인 '부디 우또모'(Boedi Oetomo)가 결성되었으나 대중속으로 파고들지는 못하였다. 그러나 인도네시아 전역에서 산발적으로 일어났던 독립투쟁은 서서히 민족주의 운동으로 결집되기 시작하였다. 이어 1928년에 인도네시아 국민당(PNI)을 결성한 수카르노는 독립을 슬로건으로 내걸고 국민들에게 호소하면서 네덜란드 식민정부에 대항하는 비협조 운동을 전개 하였다.
　이러한 움직임에 청년들도 가세하여 1928년 10월에는 자카르타에서 전국청년회의(Kongres Pemuda)를 개최하고, '하나의 국가, 하나의 민족, 하나의 언어'를 골자로 하는 '청년의 맹세'(Sumpah Pemuda)를 채택하였는데, 이 청년회의가 훗날에 인도네시아 독립운동을 주도하는 역할을 하게 되었다.
　이 청년회의는 당시 회의장에서 처음으로 소개된 노래 '위대한 인도네시아'(Indonesia Raya)를 지금의 인도네시아 국가로 삼는 한편 국가의 상징으로서 적색과 백색의 국기(Sang Merah Putih)를 선정하였으며, 그리고 '바하사 인도네시아' (Bahasa Indonesia)를 공식국어로 채택하였다.

1942년에 네덜란드를 축출해낸 일본 점령군하에서도 수카르노가 주축이 되어 불붙인 독립에 대한 국민들의 열기가 느슨해질 수는 없었다.

마침내 일본군이 2차 대전에서 패하게 된 지 이틀 후인 1945년 8월 17일에

▲ 독립기념식에서 적·백색의 국기를 게양하는 모습

수카르노(Sukarno)와 하타(Hatta) 두 사람은 자카르타 시내에서 독립을 선언하기에 이르렀으며, 수카르노는 신생 독립정부의 초대 대통령으로, 하타는 부통령으로 각각 취임하면서 인도네시아 최초의 헌법인 '1945년 헌법'을 공포하였다.

그러나, 독립은 쟁취하였지만, 인도네시아에 대해 재식민지화를 노리는 네덜란드와 무력 충돌이 격화되어 마침내 자

바섬 전역에서 게릴라전이 속출하였다. 결국 국제적 여론에 못이겨 네덜란드는 야망을 포기하고, 1949년 12월에 헤이그(Hague) 원탁회의에서 자바와 수마트라를 비롯하여 네덜란드에 의해 다스려졌던 15개 주에 대해 인도네시아 주권을 인정하는 '인도네시아 연방 공화국' 발족에 합의하였다. 이어 네덜란드가 1950년 8월에 와서 인도네시아를 완전히 포기함으로써 '인도네시아 공화국'으로 완전 독립을 이룩하게 되었다.

이와 같이 수카르노가 넓은 영토와 수많은 종족, 그리고 다양한 종교 등을 규합하여 하나의 통일된 국가로 통합시킬 수 있었던 것은 국민의 대다수가 이슬람임에도 불구하고 이슬람을 국교로 삼지않은 가운데 정치와 종교를 철저하게 분리시킨 것이 주효하였다고 보여진다. 즉, 종교의 균등화정책을 통해 종족간의 갈등을 해소시키고 언어를 단일화함으로써 국가통일이 가능했던 것으로 평가되고 있다.

그동안 독립을 쟁취하기 위한 인도네시아 국민들의 오랜 염원이 실현됨으로써 독립에 대한 감격과 기쁨은 다른 어떤 것과도 바꿀 수 없는 대단히 값진 것이었다. 그러므로 해마다 거행되는 독립기념일은 이 나라에서 가장 중요한 국가행사로 지켜지고 있는데, 대통령궁을 비롯한 전국의 관공서에서는 국기를 게양하면서 독립의 진정한 의미를 되새기고 있는 것이다.

5. 초대 대통령, 수카르노

네덜란드의 오랜 식민지배로부터 독립운동을 주도해온 수카르노(Sukarno)는 1945년에 독립과 함께 초대 대통령으로 추대되어 신생 인도네시아의 '독립의 아버지'로 불리워질만큼, 지금까지 국민들의 마음속에 늘 잊혀지지 않는 역사적인 인물로 조명되고 있다.

초대 대통령으로 취임한 수카르노는 전통적인 상부상조의 '고똥로용'(Gotong royong) 정신을 기반으로 한 사회주의 경제체제를 채택하고 서구의 의회 민주주의 제도를 모방하여 1955년에 처음으로 총선을 실시하였다.

그러나 신생 독립국으로서 정치이념을 달리하는 군소정파가 잇달아 생기면서 국내정국이 혼란의 소용돌이에 빠지게 되자 1957년에 국회를 해산하였다.

한편 수카르노는 외교적인 입지 강화를 위해 미.소 양대세력의 패권주의에 불만을 제기하면서 아시아와 아프리카 지역의 신흥국가들을 규합하여 1955년 4월에 서부 자바의 반둥(Bandung)에서 인도네시아, 인도 등 24개국이 주축이 된

▲ 1945년 8월 17일 독립선언문을 낭독하고 있는 수카르노

아시아·아프리카 회의 (일명 AA 또는 '반둥' 회의)를 소집하였다. 이 반둥회의는 오늘날 비동맹 회의의 모체가 된 제3세계국가들을 단합하게 만들었으며, 후에 반식민지 운동에도 영향을 끼친 역사적인 의의를 지닌 회의로 기록되고 있다.

또한, 수카르노는 소련, 중국, 북한 등 사회주의 국가들과 긴밀한 유대 관계를 형성하면서 좌경 외교노선에 중점을 두었다. 그리고 대내적으로는 인도네시아 공산당의 지원을 배경으로 하여 교도민주주의를 내세우면서 민족주의자와 종교지도자 그리고 공산주의자 등 사회 지도그룹을 총 망라하여 정치에 참여토록 한 나사콤(NASAKOM) 체제를

▲ 자카르타의 중심부에 우뚝 솟아있는 모나스 독립기념탑

구축하여 정권을 장악해 나갔다.

그러나 수년간 계속된 일본의 식민지배하에서 악화일로에 있던 경제사정은 네덜란드 정부 소유의 기업들이 인도네시아로 귀속되면서 4만이나 되는 네덜란드인들마저 본국으로 철수하게 되자 더욱 침체속에 빠져 들게 되었다.

이러한 어려운 여건속에서도 수카르노는 카리스마적인 권위와 천부적인 웅변술로서 국민들을 사로잡았다. 그의 사치스러우면서도 스케일이 큰 성격을 잘 반영하듯이 그는 초대형의 모나스(MONAS) 독립기념탑, 아시아 지역에서 제일 큰 규모의 이스틱랄(lstiqlal) 이슬람 대사원, 대규모의 스냐얀(Senayan) 스타디움 등을 동시에 건설할 정도로 그의 이상과 꿈은 드높았으나 현실과는 맞지 않았다.

독립초기 격동의 중심부에서 인도네시아를 이끌던 수카르노는 1965년 8월 갑자기 건강에 이상이 생겨 중국으로부터 유명한 의사들을 초빙하는 등 신병치료에 안간힘을 기울였으나 건강은 날로 악화되기만 하였다. 이로 인해 정치적 입지에 불안을 느낀 인도네시아 공산당은 1965년 9월 30일 구테타를 기도하였으나 미수에 그쳤다. 그러나 이 구테타 미수사건은 수카르노를 권좌에서 물러나게 만든 결정적인 계기가 되었다.

마침내 그는 1967년 3월에 종신 대통령직을 물러났으며 그후 1970년 6월 실의속에서 세상을 떠났다.

6. 신질서(New Order) 시대를 연 수하르토

1965년에 발생한 공산쿠데타 사건을 성공적으로 진압한 수하르토 소장은 1966년 3월 수카르노 대통령으로부터 전권을 위임받아 어수선한 국내 정국의 수습과 치안 유지에 주력하였다. 이듬해인 1967년 3월 잠정 국민협의회에서는 수카르노 대통령의 모든 권한을 박탈하고 수하르토 장군(당시 국방담당 부수상 겸 육군사령관)을 대통령 권한대행으로 임명하였다. 이로써 수카르노의 구질서(Old Order) 시대는 막을 내리고 수하르토의 신질서(New Order) 정부가 출범하게 되었으며, 이듬해인 1968년 3월에 소집된 잠정 국민협의회는 수하르토 대통령 권한대행을 제2대 대통령으로 정식 선출 하였다.

수하르토 대통령은 집권과 함께 대내적으로는 공산당의 철저한 색출작업에 착수하는 한편, 피폐화된 경제를 일으키고자 경제 회복정책을 우선적으로 내세웠으며, 군에 대해서는 이중기능을 부여하여 정치참여가 가능하도록 하였다. 대외적으로는 비동맹 중립정책을 기본노선으로 하여 미국, 일

▲ 1967년 3월 수카르노로부터 대통령직을 인계받는 수하르토 장군

본 등 서방국가들과 새로운 협력관계를 수립하면서 친서방의 실리외교로전환하였다.

그뿐 아니라, 1967년, 수하르토는 수카르노 전대통령이 구축한 비동맹권 국가와의 유대관계를 지속하면서, 인접국인 태국, 말레이시아 등과 함께 ASEAN(동남아 국가연합)을 결성하는 데 크게 공헌하였다.

특히, 1969년부터 시작된 5차에 걸친 경제개발 5개년 계획을 성공적으로 추진하여, 연평균 6%의 차분한 경제성장을 이룩하였다.

수하르토 정권은 독립 이후 지속되어온 정치적인 혼란을 극복하고 국내안정과 경제개발에 정책의 최우선을 두고 위기에 직면한 경제를 안정시키는데 큰 성과를 거두게 되었다.

1983년에 국민협의회(MPR)에서는 수하르토 대통령이 이룩한 경제분야에서의 치적을 높이 평가하여 '국가 개발의 아버지'라는 칭호를 부여하기로 결의할 정도로 그의 공적은 대다수 국민들로부터 찬사를 받고 있다. 수하르토는 1993년 3월에 5년임기의 대통령직을 6차례나 연임하면서 30년간의 집권기록을 세우게 되어 세계 최장수 국가원수 중의 한 사람으로 손꼽히고 있다.

그는 1993년에 비동맹 의장국 자격으로 비동맹 정상회담을 개최하고 1994년에는 APEC(아시아·태평양 경제 협력체) 정상회담을 유치하여 인도네시아의 국제적 위상을 높이는 데 큰 역할을 하기도 하였다.

그러나 이러한 업적의 뒷면에는 어두운 그림자도 있게 마련이다. 바로 30년간의 장기집권에 따른 폐해와 함께 빈부격차 등 사회적 문제가 심화됨으로써 수하르토 대통령에 대해 엇갈린 평가가 나오고 있는 것도 사실이다.

제3장 정부 기관과 권력구조

1. 정부의 권력구조

인도네시아의 정부구조는 판짜실라 민주주의 이념을 토대로 한 '1945년 헌법'에 근거를 두고 있다. 헌법에 명시된 정부의 최고기관은 대통령을 정점으로 하여 국민협의회(MPR), 국회(DPR), 최고자문위원회(DPA), 감사원(BPK), 대법원(MA) 등 6개로 구성되어 있다. 국회는 영국식 보다는 미국식 의회 제도에 가까운 형태로 되어 있으나, 행정부

▲ 수도 자카르타 중심부에 있는 대통령궁

를 견제할 능력이 사실상 없어 전통적 의미에서의 '견제와 균형'의 기능은 거의 발휘하지 못하고 있다.

국민협의회(MPR)는 대통령과 부통령을 선출하고 헌법 제정과 국가 기본정책을 결정하는 최고기구로서 정치권력의 원천이기도 하다. 대통령은 국가원수이면서 행정수반이며, 국가 기본정책에 따라 임기 5년간 국가를 통치하도록 되어 있다.

인도네시아의 정치체제의 특징을 한마디로 요약하면, 대

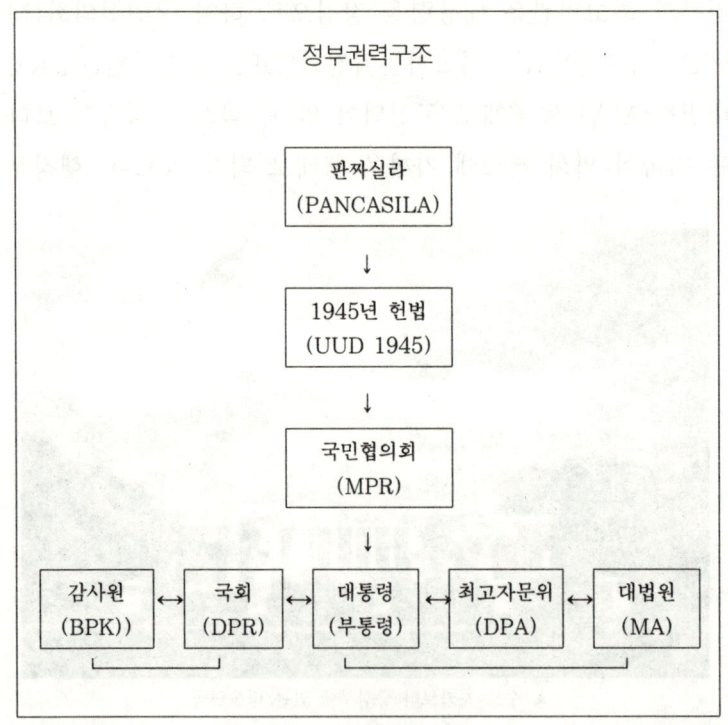

통령 중심제 하에서 군부에 대해 이중기능을 부여하여 군의 정치참여를 허용하고 있다는 것이다. 아울러 철저한 반공정책과 함께 경제개발에 국가정책의 최우선을 두고 있어 내각의 명칭도 '개발내각'으로 불리워지고 있다.

  내각은 대통령을 보좌하며, 대통령에게만 책임을 지도록 되어 있고, 대통령과 함께 5년 임기가 보장되어 있다. 내각은 국회에 대해 책임을 지지 않으며 다만 국회에서 질의요청이 있을 경우에 출석하여 정책설명을 하도록 되어 있다.

2. 인도네시아식 민주주의, 판짜실라

인도네시아는 입헌공화제 국가로서 국민에게 주권이 부여되어 있으나, 판짜실라(Pancasila) 건국원칙 정신에 입각하여 이를 국민협의회를 통해 행사하도록 되어 있다.

판짜실라는 초대 수카르노 대통령이 내세운 국가의 기본이념으로서 다섯가지(Panca)의 원칙(Sila)이라는 의미를 갖고 있다.

첫째, 모든 국민은 하나의 신앙을 가지고 자유로운 신앙생활을 영위한다.

둘째, 인간의 존엄성에 따른 인도주의를 추구한다.

셋째, 다양한 종족의 일체성을 부여한다.

넷째, 민의에 의한 합의정치를 구현한다.

다섯째, 법과 질서가 확립된 정의사회를 추구한다.

판짜실라는 인도네시아 실정에 맞게 다듬어진 독특한 인도네시아식의 민주주의 이념이라고 할 수 있으며, 국민들의 생활속에 오랜기간 동안 정신적 지주로서 뿌리를 내려오고 있다.

▲ 5년마다 개최되는 국민협의회에서 연설하는 수하르토 대통령

 인도네시아는 과거 식민통치시대에서부터 서구의 외래문화가 전파되면서 전통적인 가치관과 생활양식의 변질이 크게 우려되자, 이를 보전하기 위한 국가의 기본이념이 필요하게 되었다.

 이같은 배경으로 태동된 판짜실라 이념은 근대이후 인도네시아인의 생활 양식을 지배하는 하나의 철학인 동시에 기본적인 규율로 자리잡고 있다고 볼 수 있다.

 정부에서는 판짜실라 이념에 대한 교육의 중요성을 감안하여 판짜실라 교육원(일명 'BP-7')[1]을 별도로 설립하였

---

1) BP-7 : Badan Pembinaan Pendidikan Pelaksanaan Pedoman Penghayatan dan Pengamalan Pancasila의 약칭으로서 판짜실라 이념에

다. 이 교육원에서는 정부의 고위관리와 군 장성급 등을 대상으로 판짜실라에 대한 이해와 실천지침을 골자로 하는 이념교육을 주기적으로 시행하고 있다.

심지어는 인도네시아와 관련있는 합작투자 업체의 외국인까지도 이 교육에 참여시켜 판짜실라 이념에 대한 편견이 없도록 정부차원에서 적극 홍보하고 있는 것이다.

판짜실라의 중요성은 국민생활 곳곳에서 찾아볼 수 있다. 일례로 정부 공공기관 등에 임용되기 위해서는 반드시 판짜실라 이념을 준수하여야 하고, 선거법상 피선거권자의 자격 요건도 판짜실라의 존엄성과 독립선언의 정신을 이해하는 자로 규정하고 있다.

이와 같이 판짜실라는 국민들의 생활철학으로서 깊이 자리를 잡고 있으나, 최근에 와서 판짜실라에 담겨진 5가지의 원칙들이 철저하게 지켜지지 않고 있다는 우려의 목소리도 나오고 있다.

인도네시아 전략문제연구소장 루디니(Rudini) 장군은 그 예로서 "국가발전 과정에서 많은 국민들이 소외되어 국가통합에 위협을 받고 있으며, 이러한 사례를 반영하고 있는 것이 동 티모르와 이리안 자야 사건"이라고 지적한 바 있다.

대한 이해 및 실천 지침등을 내포하고 있음.

3. '45년 헌법'이 제정되기까지

　인도네시아는 1945년 8월 17일에 독립을 선언하고, 그 다음날인 8월 18일에 최초의 헌법인 '45년 헌법'을 공포하였다.

　그후 1949년에는 네덜란드와의 '헤이그 협정'에 기초한 '인도네시아 연방공화국 헌법'이 새로이 공포되었으나, 이듬해인 1950년에 연방제가 폐지되고 단일공화국이 성립되면서부터 잠정헌법인 '50년 헌법'이 다시 선포되었다.

　1956년 12월에 와서 인도네시아 최초의 제헌국회가 구성되어 헌법제정에 착수하였으나, 정파간의 심한 대립으로 헌법제정에 대한 심의조차 제대로 이루어지지 못하였다. 1957년에 수카르노 대통령은 서구식의 의회제도가 인도네시아에 적합치 못하다고 판단하여 소위 교도민주주의 제도를 채택하기에 이르렀으나 각 정당은 이를 반대하였다.

　마침내 1959년에 와서는 '50년 헌법'을 폐지하고 다시 '45년 헌법'으로 환원하였는데 그 이후 지금까지 '45년 헌법'이 그대로 사용되고 있다. 이 헌법에 의하여 대통령의 권한이 대폭적으로 강화되었으며, 군부가 정치에 참여할 수 있는 계기가 만들어지게 되었다.

이 헌법은 전문과 본문 16편, 37조로 구성되어 있다. 국책의 대강만을 규정하고 있는 이 헌법은 독립 당시에 시간적인 여유가 없는 가운데 만들어진 것이어서 근대적 의미의 헌법 구조를 제대로 갖추지 못한 것으로 평가되고 있다. 헌법 전문의 내용을 보면 다음과 같다.

〈헌법 전문〉

독립은 모든 국가의 본래의 권리이며, 인류와 정의에 위배되는 식민주의는 지상에서 철폐되어야 한다.

인도네시아의 독립투쟁이 주권, 통일, 자유 및 정의 그리고 번영이 함께 하는 인도네시아의 독립을 쟁취케 하였으며, 안전하고 건전하게 이 나라 국민을 인도하게 되었음을 경하해 마지않는다. 전능하신 하나님의 축복에 감사하며, 자유스런 국민생활을 인도하여 주신데 대해 재삼 감사드린다. 인도네시아 국민은 이제 독립을 선언한다.

이에 따라 인도네시아는 국민과 국토를 보존할 수 있는 정부를 수립하고, 복지사회 건설을 토대로 세계질서에 기여하며, 평화와 사회정의를 구현하기 위하여 주권이 국민에게 있는 인도네시아 공화국을 수립하고, 이에 필요한 헌법을 제정하고자 한다.

본 헌법은 유일절대의 신에 대한 신앙과 정의, 인도네시아의 통일 그리고 모든 국민의 개화와 공평한 사회의 건설은 물론 의회 민주주의의 수호를 기본이념으로 한다.

위와 같이 헌법 전문은 판짜실라 민주주의 이념을 주요 골간으로 삼고 있다. 특히 국가독립의 의의, 종교에 대한 철저한 신념, 국가통일의 필요성, 그리고 의회 민주주의 이념을 부각시키고 있는 점이 주목할만 하다.

헌법의 본문에서는 주로 정부형태와 주권, 국민협의회, 정부의 권한 등에 대해 규정하고 있는데 그 일부를 소개하면 다음과 같다.

〈헌법 본문〉

제1편, 총칙 (정부 형태와 주권)
제1조 1항 : 인도네시아는 공화제의 단일국가이다.
　　　2항 : 주권은 국민에게 있으며, 국민협의회를 통해서 행사된다.
제2편, 국민협의회 (MPR)
제2조 1항 : 국민협의회는 법률이 정하는 바에 따라 각 지역과 여러정당에서 선출한 대표들과 국회의원들로 구성된다.
　　　2항 : 국민협의회 회의는 수도에서 5년에 1회 이상 개최한다.
　　　3항 : 국민협의회 본회의에 회부된 모든 안건은 다수결로 의결한다.
제3조 : 국민협의회는 헌법제정과 주요 국가정책을 결정한다.
제3편, 정부의 권한
제4조 1항 : 인도네시아 공화국 대통령은 헌법이 정하는 바에 따라 정부의 권한을 관장한다.
　　　2항 : 대통령은 그 직무를 수행함에 있어서 부통령의 보좌를 받는다.
제5조 1항 : 대통령은 국회의 동의를 얻어 법률을 제정할 권한을 가진다.
　　　2항 : 대통령은 법률을 시행하는데 필요한 정부의 시행 세칙을 확정할 수 있다.

제6조 1항 : 대통령으로 선출될 수 있는 자는 인도네시아에서 출생한 자에 한한다.
　　　 2항 : 대통령과 부통령은 국민협의회에서 다수결 투표로 선출된다.
제7조 : 대통령과 부통령의 임기는 5년으로 재선될 수 있다.
제8조 : 대통령이 궐위나 유고로 인하여 직무를 수행하지 못할때에는 잔여임기 만료시까지 부통령이 그 직무를 수행한다. (이하 생략)

4. 국민대표기관인 국민협의회

　인도네시아 헌법에 의하면 국민의 주권을 대신하는 최고의 국민대표 기관으로 국민협의회(MPR)와 국회(DPR)가 이원적인 조직으로 구성되어 있다.
　국민협의회는 헌법제정 권한과 함께 정, 부통령을 선출하고 국가의 중요 정책을 결정하는 기능을 갖고 있으나, 행정부의 대통령과 내각은 물론 군부를 견제할 수 있는 실질적인 권한은 미약하다는 것이 일반적인 시각이다.
　국민협의회의 전체 대의원 수는 1,000명이고 임기는 5년이다.
　지난 1992년 6월에 실시한 총선거에 의해 선출된 국민협의회 대의원 1,000명은 아래표와 같이 상근직 국회의원

국민협의회(MPR) 의석 분포

구 분	의 석	비 고
· 국회의원(MPR/DPR)	500석	상근직
· 지역대표(MPR)	147석	인구별 안배
· 정당별 배분(MPR)	203석	득표율로 배분
· 군대표(MPR)	50석	대통령이 임명
· 사회단체대표(MPR)	100석	대통령이 임명
계	1,000석	

3. 정부 기관과 권력 구조

(MPR/DPR) 500명과 비상근직 대의원(MPR) 500명으로 구성되어 있다.

우선 국민협의회 대의원이면서, 국회의원이 아닌 비상근직 대의원 500명은 지역대표, 3개정당 그리고 군부를 포함한 5개정파로 부터의 대표성을 띄고 있다. 그 내역을 보면 우선 지역대표의원은 전체 147명으로 구성되어 있는데 이들은 주지사를 포함하여 군 지역사령관, 지방법원과 검찰 등 지방의 관, 군, 민 대표로 구성되어 있다. 그리고 3개 정당은 총선에서의 득표결과에 따라 비례적으로 203명의 정당대표를 배분받고 있다. 그외에도 통합군사령관의 건의를 받아 대통령이 임명하는 50명의 군 대표의원이 별도로 있다.

한편, 농민, 근로자, 여성, 예술인 등 대통령이 임명하는 사회단체 대표 100명이 각 직능단체를 대표하고 있다.

국민협의회 대의원 1,000명에 대한 정당별 의석 분포를 보면 집권여당인 직능그룹(GOLKAR)이 424명으로서 다수의석을 차지하고 있다. 야당인 통일개발당(PPP)이 95명, 인도네시아 민주당(PDI)이 84명이다. 그리고 임명직의 군부대표 의원은 상근직(국회의원)과 비상근의원을 포함하여 모두 150명이며, 그외 임명직의 사회단체 대표로 100명이 있다.

이와 같이 국민협의회에서 집권여당은 임명직으로 되어

국민협의회(MPR)의 정당별 구성

(1992년 6월 총선결과)

구 분	의석수
· 직능그룹(GOLKAR)	424명
· 통일개발당(PPP)	95명
· 인도네시아 민주당(PDI)	84명
· 지역대표(관, 군, 민)	147명
· 군부대표(국회 100명, 비상근직 50명)	150명
· 사회단체(직능) 대표	100명
계	1,000명

있는 군부와 사회단체 대표를 사실상 포함하게 되므로 과반수 이상의 원내 안정 의석확보는 항시 보장되어 있다고 볼 수 있다. 1968년 이후부터 수하르토가 국민협의회에서 6차에 걸쳐 연임 대통령으로 용이하게 당선될 수 있었던 것도 이러한 연유에 기인한다.

정치 평론가인 유스릴(Yusril)은 현행 정치제도와 관련하여 국민협의회 대의원 중에서 절반에 가까운 수가 임명직으로 되어 있어 현 제도하에서는 국가의 의사결정 과정에 국민이 참여할 수 있는 여지가 거의 없는 상태라고 지적하였다.

국민협의회 의장은 국회의장이 겸임하며, 부의장은 5명으로 구성된다. 부의장은 3개 정당대표와 군부, 지역대표 등 직능단체에서 각각 선출된다.

수하르토 정권이 들어선 이후, 1971년부터 실시된 5차례의 총선거에서 집권 여당인 직능그룹(GOLKAR)은 과반수 이상의 높은 지지율을 계속하여 얻을 수 있었다. 그러나

▲ 1993년 국민협의회에서 6차 연임 대통령으로 선출된 수하르토의 수락연설

1992년의 총선결과가 1987년에 비하여 지지율이 5%나 하락하게 되자, 집권당으로서는 당혹하지 않을 수 없었다. 왜냐하면 이는 수하르토 정부에 대한 업적평가와도 결부되기 때문이다.

역대 총선의 정당별 지지율

연 도	직능그룹 (GOLKAR)	통일개발당 (PPP)	인도네시아 민주당 (PDI)
1971	62.8%	27.1%	10.1%
1977	62.1%	29.3%	8.6%
1982	64.2%	28.0%	7.9%
1987	73.3%	16.0%	10.9%
1992	68.1%	17.0%	14.9%

출처 : 인도네시아 중앙선거관리위원회

정부에서는 이를 만회하기 위한 방편으로 총선에서 결정적인 역할을 하고 있는 농촌지역의 부동표 공략에 주안을 두면서 한편으로는 집권당의 대표를 과거 군 출신에서 부드러운 이미지의 민간출신 인사로 바꾸기에 이르렀다.

  이러한 상황하에서 1993년에 집권당의 새로운 총재로 임명된 하르모코(Harmoko)는 지난 재임 2년동안에 무려 304개 시, 군, 농촌지역을 순회 방문하여 집권당의 명예를 걸고서 새로운 이미지 부각에 안간힘을 기울이고 있는 것이다.

5. 미약한 국회의 기능

국회(DPR)는 단원제로서 의원수가 전체 500명이며 임기는 5년이다. 국회의원 500명중에서 400명은 인구 40만 명당 1명의 비율로 국민의 직접선거에 의해 선출되지만, 나머지 100명은 군부대표 의석으로 할당되어 통합군사령관의 추천에 의해 대통령이 직접 임명하고 있다.

국회는 실질적인 입법기능을 수행하고 있으나, 행정부에 대한 견제기능이 미미할 뿐 아니라, 내각에 대한 불신임권도 없다.

그리고 국정감사 기능도 없기 때문에 국회의 권한은 사실상 유명무실하다고 볼 수 있다. 국회는 연중 두 차례 즉, 연초 (1월 6일)와 독립기념일 전날(8월 16일)에 전체회의를 소집하여 대통령으로부터 국정방향에 대해 보고를 듣고 있다.

국회의원은 국회법상으로 3개 정당과 군 대표 등 4개 교섭 단체중 한 곳에 속하도록 되어 있으며, 외무, 내무, 국방 등 11개 분과위원회별로 의정 활동을 하도록 규정되어

국회의원(DPR) 의석분포

(1992년 6월 총선결과)

구 분	의 석	비 고
직능그룹(GOLKAR)	282	여 당
통일개발당(PPP)	62	이슬람계(야당)
인도네시아 민주당(PDI)	56	비이슬람계(야당)
군부대표	100	대통령이 임명
계	500	

있다.

현역 군인은 정당에 가입할 수 없으며 선거에도 출마할 수 없도록 규정되어 있는데, 국회의원중에서 군부대표를 별도로임명하고 있는 것도 이와 같이 군인에게 선거권과 피선거권을 부여하지 않고 있는 데 대한 일종의 반대급부라고 볼 수 있다.

그러나 국회내에서 군부대표 의석에 대한 정치적인 의미는 상당하다.

이는 군의 이중기능인 정치참여 활동의 대표적인 사례로 볼 수 있는데, 정치여론을 주도하는 집단으로서 표대결 상황에서는 정부의 입장을 적극지원하고 있어 소위 국회내 '안정장치'로서의 역할을 하고 있다.

그러나 1995년 4월 관방성장관이 정부를 대표하여 국민협의회 의장에게 국회내 군부 대표의원 100석을 75석으로 축소하는 안을 제출하고 국민협의회에서 이를 수용함으로써 1997년 총선이후부터는 군부대표 의석이 75석으로 줄어들게 되었다.

이로써 국회개원 이후 처음으로 군부 의석에 대한 하향 조정이 이루어졌는데, 이는 날로 성숙되어가는 국민들의 민주화 요구에 부응하여 효율적인 정치제도의 기틀을 마련하기 위한 조치로 받아들여지고 있다.

인도네시아의 선거제도는 후보자를 직접 선출하는 것이 아니라, 정당을 선택토록 되어 있으며, 정당별 득표결과에 따라 비례적으로 의석을 배분하고 있다. 따라서 개별적인 출마나 무소속의 입후보는 인정되지 않는다.

지난 1992년 6월에 실시된 선거결과에 의하면 골카르당은 282석, 통일개발당은 62석, 그리고 인도네시아 민주당은 56석을 각각 차지하였다.

국회 의장단은 의장과 5명의 부의장으로 구성되는데, 이들은 국민협의회 의장단을 겸하고 있다.

6. 임기가 보장된 내각

　대통령은 국민협의회에서 선출되며, 국민협의회에 대해서만 책임을 진다. 그리고 국가원수로서 헌법에 의해 강력한 권한을 부여받고 있다. 임기는 5년으로 연임이 가능하며 대통령이 유고로 그 직책을 수행하지 못할 때에는 잔여임기 만료시까지 부통령이 그 직무를 대행하도록 되어 있다.

　인도네시아는 1945년 독립 이후 현재까지 두 명의 대통령을 가졌을 뿐이다. 즉, 초대 수카르노와 현재의 수하르토 대통령인데, 수하르토는 1968년 이후 6선의 연임 대통령으로서 지금에 이르고 있다. 이와 같이 계속적인 연임이 가능했던 것은 현행 헌법에 연임제한 규정이 없기 때문이다.

　그러므로 매 5년 주기로 다가오는 대통령 선출 시기가 되면 야당 일각에서는 헌법을 개정하여 대통령에 대한 연임제한 규정을 도입해야 한다고 주장하곤 한다.

　대통령과 함께 각료들의 경우도 특별한 사유가 없는 한, 5년 임기가 보장되어 있는 것도 특징이라고 할 수 있다. 그래서 재임기간 동안 소신있는 정책을 추진해 나갈 수 있기 때문에 엔지니어 출신의 하비비(Habibie) 과학기술성장관과 같이 20여년 동안 한자리를 계속 고수하면서 스타 플레이어의 역할을 하고 있는 것도 세계에서 드문 예로 볼 수 있다.

행정부의 조직에서 국무총리는 없으나, 부총리격으로 정치안보, 경제재정, 국민복지, 생산분배 등 4개 조정장관이 있으며, 기타 34개부처 장관과 이에 준하는 통합군사령관, 검찰총장, 중앙은행 총재 등 장관급만 모두 41명에 이르고 있다.

내각중에서 특이한 것은 종교문제를 다루고 있는 종교성과 인구의 분산 등 이주정책을 다루고 있는 이주성이 별도로 편성되어 있다는 점이다.

각 부처의 장관 밑에는 전반적인 기획예산과 행정업무를 지원하고 있는 사무차관(Secretary-general), 각 분야별로 일반업무를 담당하는 차관보(Director-general), 조직내 감사기능을 수행하고 있는 감사차관보(Inspector-general) 등이 조직되어 있다.

특히 행정부 조직내에서 사무차관과 감사차관보직은 전문성을 크게 필요로 하지 않는 관계로 군 출신들이 대부분을 차지하고 있다.

그외의 국가기관으로 최고자문위원회(DPA), 대법원(MA), 감사원(BPK) 등이 있다. 최고자문위원회(DPA)는 국가정책에 대한 정부의 자문역할과 대통령의 정책질의에 대한 답변 및 자문기능을 수행한다. 자문위원회는 대통령이 임명하는 의장과 4명의 부의장 그리고 전체 45명의 위원으로 구성되어 있으며, 정치, 경제, 재정, 산업 등 4개 분과위원회를 두고 있다.

사법권은 대법원과 산하 법원이 행사한다. 일반법원은 대법원, 고등법원(26개), 지방법원 및 분원(287개), 특별법원(2개)으로 구분되어 있다. 특별법원인 군사재판소는 국방성에서, 종교재판소는 종교성에서 각각 관할하고 있다. 검찰기관으로는 대검찰청, 고등검찰청, 지방검찰청이 있으며, 고검은 자카르타, 메단, 족자카르타, 우중빤당, 비아크 등 5개소에 설치 되어 있다. 그리고 전국에 135개 형무소가 있다.

정부의 재정회계분야의 감독기능을 갖고 있는 감사원은 대통령이 임명하는 감사원장과 부원장, 그리고 5명의 감사위원으로 구성되어 있다.

7. 여대야소의 정당활동

초대 수카르노 대통령 당시의 인도네시아 정당은 무려 30여개가 난립하여 정파간의 심한 대립으로 혼란기를 경험한 바 있다.

이를 시정하기 위해 정당 간소화법과 정당 규제령을 제정하여 한차례 정비작업을 시도하였으나, 효과를 거두지는 못하였다.

수하르토 집권 이후인 1971년에 처음으로 실시된 총선에서도 10개 정파가 난립하여 국가 행정력까지 마비시킬 정도로 과열현상이 지속되었다. 이에 따라 1975년에 정파의 난립과 선거 과열화를 방지하기 위해 선거법을 새로 개정하여 선거에 참여할 수 있는 정당을 골카르(GOLKAR), 통일개발당(PPP) 인도네시아 민주당(PDI)의 3개 정당으로 제한하였는데 이 제도가 오늘날까지 지속되고 있다.

정부를 지원하고 있는 여당인 골카르는 200여 직능단체의 결합체인 직능그룹(Functional group)으로서, 수하르토 대통령의 강력한 정치기반이기도 하다. 이 직능그룹은 국민적 합의를 통해서 농민, 근로자, 군인, 여성단체 등 사회 각계각층의 의견을 국정에 효과적으로 반영시키기 위한 제도적 장치로 마련되었다.

현재 골카르는 국회의원 500석중에 282석을 차지하고 있으며, 인도네시아 공무원연합(KORPRI), 인도네시아 노조연합(FBSI), 인도네시아 청년조직(KNPI) 등을 산하단체로 두고 있다.

한편 통일개발당(PPP)은 1973년에 4개의 이슬람계열의 정당이 통합하여 결성된 것이다. 현재 국회내에서 제2정당으로 62석을 차지하고 있으나, 당내 이슬람 단체간의 주도권 쟁탈로 총선에서 실적이 미미한 편이다. 한때 통일개발당(PPP)내에서 가장 강력한 영향력을 행사해온 이슬람 전통주의자들로 구성된 '나흐다뚤 울라마'(NU)가 1984년 정당활동에서 공식적으로 손을 뗀 이후부터 당세가 크게 위축되었다.

인도네시아 민주당(PDI)은 1973년에 기존의 5개 군소정당과 기독교와 카톨릭세력이 통합하여 만든 비이슬람계 성향의 정당이다. 과거 수카르노 대통령이 결성한 인도네시아 국민당(PNI)도 이에 참여하고 있으나, 정치적인 영향력은 미약하다.

그러나, 1993년에 초대 수카르노 대통령의 장녀인 메가와티(Megawati) 여사를 당수로 지명하여 과거 수카르노에 대한 복고주의 내지는 향수붐을 조성하면서 당세확장에 주력해 왔다. 그 결과 1992년 총선에서 기독교계와 일부 정부비판세력의 지원에 힘입어 국회의석을 종전의 40석에서 56석으로 크게 늘리는 성과를 거두었으나, 1996년 6월에 수마트라 메단(Medan)에서 개최된 전당대회에서 내분이 발생하여 그녀는 당 총재직에서 물러나고 말았다.

아이러니칼하게도 인도네시아의 정당은 특색있는 야당이 없는 가운데 여·야의 구분없이 3개 정당 모두가 정치노선이 유사한 것이 특징이다. 이는 판짜실라 이념에 따라 당리와 당략 보다는 정치적인 안정을 중요시하는 정치풍토하에서 서로 적대관계가 아닌 우당관계를 유지하고 있는 것으로 보여진다.

그러나 최근 인도네시아의 일부 정치학자들은 정치민주화를 위해서는 건전한 야당이 존재하여야 한다고 목소리를 높이고 있다.

일례로, 저명한 이슬람 학자인 누르코리스(Nurcholis)는 1995년 9월에 개최된 어느 세미나에서 "행정부를 견제할 야당이 절실히 필요하다. 통일개발당(PPP)과 인도네시아 민주당(PDI)이 야당 기능을 갖는다면 행정부를 실질적으로 견제할 수 있을 것"이라는 의견을 제시하였다.

이에 대해 정부관계자는 "현 정치 제도하에서도 비약적인 발전을 이룩하고 있기 때문에 야당의 존재가 정치발전에

도움이 되지 못한다"고 반박한 바 있다.

과거 질서회복사령관을 지낸 수미트로(Sumitro) 장군도, 인도네시아도 이제 야당을 가질만한 시기가 되었다고 다음과 같이 언급하였다.

"1965년의 9·30 공산구테타 사건 이후 출범한 수하르토의 신질서 정부는 국가안정과 정치제도의 정착을 이룩하였다. 그러나 오늘의 인도네시아는 진정한 야당을 필요로 하고 있다.

건전한 야당이 제도적으로 정착이 되면 체제의 존속과 안정을 위협하지는 않을 것이며, 오히려 정부가 국민들로부터 진정한 신뢰와 존경을 받을 수 있는 계기가 될 것이다. 야당이 정치권의 일부로서 자리를 잡게 되면 정책시행에 대한 감시기능과 통제역할도 가능할 것이다.

야당의 존재는 인도네시아가 독재국가가 아니라는 이미지 부각에도 효과가 있을 것이며, 더욱이 근래에 와서는 학생과 지식인 집단, 심지어 군부에서까지도 야당의 필요성에 대해 공감을 표하고 있다"

한편, 최근 사회일각에서는 현행 3당체제에 대해 염증을 느낀 나머지 다당제의 필요성을 거론하고 있어 눈길을 끌고 있다. 1996년에 들어와서부터 새 정당으로서 속칭 '민주국민당'(PRD)이 결성되기도 하였으나 PRD의 활동 양상이 현재 불법화 되어 있는 인도네시아 공산당(PKI) 조직

3. 정부 기관과 권력 구조

과 유사하기 때문에 정부로부터 합법정당으로 인정을 받지 못하고 있다. 게다가 PRD 지도층과 당원들이 1996년 7월에 인도네시아 민주당(PDI) 내분으로 발단이 된 자카르타 유혈사태에 연루되어 체포됨으로써 불법정당에 대한 사회적 우려를 증폭시키는 결과를 초래하였다.

이에 대해 1996년 9월 수하르토 대통령은 1950년대의 다당제하에서 경험했던 폐해를 지적하면서 "정치적 안정을 보장할 수 없었던 혼란의 시대로 되돌아가는 것은 비현실적이 아닐 수 없다"고 반대하였다. 이로 미루어보아 현 정치체제하에서는 다당제로의 회귀가능성은 당분간 기대하기 어렵게 되었다.

제4장 경제와 전략산업

1. 경제개발이 최우선 정책

1) 기초가 허약한 경제구조

　인도네시아는 풍부한 열대자원을 바탕으로 네덜란드의 식민시대인 19세기 이후 농업개발이 중점적으로 이루어졌다.
　인구의 70% 이상이 농업에 종사하고, 2년 5모작 생산이 가능함에도 불구하고 인도네시아는 농업기술이 부진하여 오랫동안 쌀의 국내수요 조차 충당하지 못하였다. 게다가 1960년대에 수카르노 정부는 경제의 기초가 허약한 가운데 파격적으로 치솟는 인플레를 막지 못한 채 경제정책 마저 실패를 거듭하였다.
　그 뒤를 이은 수하르토 정부는 만성적인 쌀의 부족을 해소하기 위해 1971년부터 식량증산 계획을 대대적으로 추진하여 마침내 1984년에 와서야 자급자족의 길을 겨우 열 수 있었다. 아울러 1969년부터 시작된 제1차 25년 장기 경제개발계획과 5차에 걸친 단기 경제개발계획의 성과에 힘입어 연평균 6% 이상의 지속적인 성장도 이룩할 수 있

▶ 세계적인 LNG 생산시설을 갖춘 본 땅기지

었다.

 이 같은 성과에 힘입어 1980년대 초반부터는 경제의 자유화와 개방화를 적극추진하여 신흥공업국으로 발돋움할 수 있는 기틀을 마련하였다. 그 결과 1995년부터 시작된 제2차 25년 장기 개발계획의 청사진에 대해서 최대원조기관의 하나인 세계은행이 높은 신뢰를 보낼 정도로 인도네시아의 열성적인 경제정책은 좋은 평가를 얻고 있다.

 이와 같이 안정속에 성장을 추구하면서 식량자급, 물가안정, 빈곤퇴치 등을 일관된 정책목표로 내세워 온 인도네시아의 경제발전 과정을 살펴보면 몇가지 특징이 발견되고 있다.

 첫째, 저임금의 풍부한 노동력이 경제발전의 원동력 역할을 하고 있다. 세계 4위의 인구를 보유하고 있는 인도네시아는 매년 200만명 이상의 신규 노동력을 배출하고 있고, 아직 동남아권에서는 임금이 낮은 수준에 있어 그동안 경제성장을 주도해 온 봉제, 신발, 합판 등 노동집약 산업이

발전할 수 있었다.

둘째, 수출구조가 자원 의존형이다. 석유, 천연가스, 주석, 니켈, 목재 등 풍부한 천연자원을 보유하고 있어 수출 원자재를 자체 조달할 수 있다는 강점과 함께 개발잠재력이 대단히높은 것으로 평가되고 있다. 특히 천연가스는 세계 수출 제1위이며, 원유, 가스 부문만 전체 수출의 30%를 차지하고 있어 정부의 재정 수입원으로 중요한 비중을 차지하고 있다.

셋째, 경제개발에 외자를 적극 이용하고 있어 외국자본에 대한 의존도가 대단히 높다. 국내자본과 기술부족으로 경제개발에 필요한 재원을 외자에 의존해 온 결과, 외채가 날로 늘어 나는 실정에 있어 매년 해외로부터의 자본차입이나 원조가 없이는 국가의 재정을 이끌어 갈 수 없는 상황이 되어버렸다. 최근에 인도네시아 정부가 외국인에 대한 투자조건을 대폭 개선하여 투자유치에 노력하고 있는 것도 이러한 연유에 기인하고 있다고 볼 수 있다.

그러나 지금까지의 개발성과에도 불구하고 인도네시아 경제 구조는 아직도 취약한 상태를 면치 못하고 있는 가운데 특히 도로, 항만 등 사회간접자본의 부족과 지역간 성장의 불균형 그리고 부의 편중에 따른 빈부격차 문제 등 앞으로의 균형된 성장을 위해 해결해야 할 과제가 산적해 있는 실정이다.

한편, 1996년 10월에 인도네시아 툰키(Tunky) 산업통산성장관은 아시아지역 국제협력기구(IACO)에서 정보화시대의 인도네시아 경제의 당면과제는 경제 세계화의 급진전에 대비한 기술개발이라고 강조하고, 이를 위해서는 "제2차 25년 장기 경제개발계획은 인력자원과 기술개발에 우선을 두어야 하며 품질의 국제경쟁력 제고와 기업들의 기술향상을 위해 국제교류를 강화해야 한다"고 하였다.

아직 인도네시아의 1인당 평균 국민소득이 1,000달러에 못미치고 있지만, 자카르타 시내중심가에 즐비하게 늘어선 현대식의 고층 건물, 10차선이 넘는 '수디르만'대로(Jalan Jend. Sudirman)와 그 사이를 질주하는 고급차량들의 물결은 어느 선진국에 못지 않은 풍요로움의 일면도 보여주고 있다.

그런가 하면 거리에 넘쳐 나오는 잠재 실업자의 군상과 조그만 경지면적에 대가족의 생계를 의존하고 있는 빈궁한 농촌이 있는가 하면, 동부에 위치한 이리안 자야(Irian Jaya) 지역과 같이 외부와 격리된 원시 문화의 모습도 있다. 이와 같이 과거와 현재, 그리고 미래가 함께 공존하면서 서로 다른 삶의 모습을 동시에 보여주고 있는 것이 발전과정에 있는 오늘의 인도네시아의 모습이 아닌가 생각된다.

2) 의욕에 찬 경제개발

수하르토 대통령의 공적중에서도 경제분야에서의 치적이 가장 으뜸으로 꼽히고 있다. 지난 30년간의 지속적인 경제성장으로 인도네시아는 이미 후진국에서 벗어나 중진국의 대열에 진입하고 있다.

그동안 5차에 걸친 단기 경제개발계획과 1994년에 마무리된 제1차 25년 장기 개발계획의 성공적인 추진으로 국민들의 생활수준이 크게 개선되었다.

실제 경제개발의 성과로서 1969년에 불과 70 달러 수준

25년간 장기 개발계획의 성과

구 분	성 과
1인당 국민소득	70달러(1969년) → 919달러(1994년)
문 맹 율	70%(1945년) → 16%(1990년)
절대 빈곤인구	60%(1970년) → 14%(1994년)
국민 평균수명	46세(1930년) → 63세(1994년)

4. 경제와 전략산업

이었던 1인당 국민 소득은 1994년에 919 달러로 증가하였다.

    교육분야에도 대대적으로 투자하여 문맹율은 1945년에 70% 수준에서 1990년에는 16%로 크게 개선되었으며, 절대 빈곤인구 역시 1970년에 전체인구의 60%(약 7,000만)에서 1994년에 14% 수준(약 2,700만)으로 대폭 낮아졌다.

    국민들의 평균수명도 늘어나 1930년에 46세에서 1994년에는 63세로 대폭 연장되었다.

    경제의 세부실천 계획은 매 5년마다 짜여지고 있는데 지난 1994년 3월에 완료된 5차 경제개발 계획기간 중에는 경제안정 기조를 유지하면서 연 평균 8.3% 이상의 고도성장을 이룩한 바 있다.

    최근 중앙통계국의 발표에 의하면, 1995년에도 경제 성장율은 8%를 기록하였고 1인당 국민소득은 1994년의 920달러에서 1995년에는 1,023달러로 껑충 뛴 것으로 나타났다.

    한편, 현재 진행중인 6차 5개년계획(1994-1999년) 기간에는 지난 5차 계획에 비해 실투자액도 815조 루피아(약 3,600억 달러)로 대폭 상향조정하여 투자할 예정이며, 목표연도인 1999년에는 1인당 국민소득을 1,280달러로 이끌어 올린다는 계획이다.

    경제성장 목표도 연평균 6.2%의 지속적인 성장을 유지하면서 연간 240만명을 신규 고용하겠다는 자신에 찬 계획을 세우고 있다.
  그러나 지속적인 경제성장과 국민소득의 향상에도 불구하고 자바섬 위주로 모든 개발사업이 집중되고 있어 지역간 개발 격차가 심각한 과제로 대두하고 있다고 전문가들은 지적하고 있다.
  이에 따라 1995년부터 25년간에 걸쳐 추진될 2차 장기 개발계획은 2단계 경제 도약기로서 더욱 선진화된 경제자립과 지역균형개발을 중점목표로 삼고 있으며, 교육분야에도 대대적인 투자계획을 세우고 있다. 2000년대 초에는 인도네시아가 중위권 국가로 발돋움하여 동남아시아 제일의 경제부국이 될 것이라는 전망은 점차 그 실현가능성이 높아지고 있다.

3) 세계가 탐내는 천연자원

  인도네시아는 세계가 탐낼만큼 천연자원이 풍부하기로 유명하다. 원유, 가스, 석탄, 주석, 닉켈, 구리, 금 등 다양한 광업·에너지 자원은 최대의 외화 획득원이 되고 있다.
  그중에서도 원유와 가스는 인도네시아의 수출 주종품목이다.
  원유와 가스 개발을 위해 1968년에 설립된 페르타미나

(Pertamina) 국영석유공사는 외국석유회사와 공동탐사 활동을 통해 이미 상당한 수준의 기술축적을 이루었고 보유 자산만도 136억 달러에 달하고 있어 규모면에서 세계적 수준의 석유회사로 자리를 굳혀가고 있다.

동남아 유일의 OPEC 회원국이기도 한 인도네시아는 1일 평균 150만 배럴의 원유를 생산하고 있다. 특히 LNG는 연 2,220만 톤을 생산하여 전세계 생산량의 30.2%를 점유하고 있어 LNG의 세계 최대 수출국가로 부상하였다. 우리나라는 전체 수입량의 92%를 인도네시아로부터 도입하고 있으며, 안정적인 공급을 위해 1999년부터 20년간에 걸친 장기계약도 이미 체결한 바 있다.

한편, 미국과 공동으로 개발을 추진하고 있는 나투나

주요 에너지 자원의 생산현황

구 분	단 위	1968/69 (1차 개발계획)	1988/89년 (4차 개발계획)	1993/94년 (5차 개발계획)
원 유	백만 배럴	219.9	496.9	563.1
천연가스	백만 McF	116.0	1,887.0	2,715.9
주 석	천 톤	3.9	29.0	30.4
석 탄	백만톤	159.9	5,175.7	28,364.7
니 켈	천 톤	261.9	1,830.3	1,926.5
보크사이트	천 톤	879.3	514.1	1,338.7
금	천 kg	129.6	5,096.3	43,908.8
은	천 kg	9,885.0	64,562.4	88,902.6
철 강	톤	-	164.9	356.4
구 리	톤		302.7	959.3

※ 자료 : 인도네시아 Handbook 1995

(Natuna)섬 지역의 가스전은 부존량이 세계 최대 규모로 확인되고 있다.

이 가스전은 오는 2003년부터 30년동안에 걸쳐 연간 1,500만 톤을 생산할 계획이며, 개발에 필요한 재원만도 350억 달러에 이를 전망이다.

또한, 일반광물자원의 개발도 활발히 이루어지고 있는데 인도네시아 최동부의 이리안 자야지역에서 개발되고 있는 Ertsberg 노천 광산은 세계 최대규모의 구리광과 금광으로 알려지고 있다.

이 거대한 노천 광산은 1936년에 발견되었으나, 해발 4,000m 고지에 위치하고 있어 기술적인 문제 등으로 즉시 개발되지 못하고 약 25년 동안 방치되어 왔다.

그러다가 1967년에 와서야 인도네시아의 대표적인 자원탐사 업체인 Freeport사가 정부와 합작계약을 체결하고, 일대 100k㎡ 지역에 독점 채광권을 얻어 개발에 착수하게 되었다. 이 회사는 전체의 82% 지분을 소유하고 있으며 나머지 18%는 인도네시아 정부와 또 다른 합작업체인 바크리(Bakrie) 그룹에서 나누어 갖고 있다.

이 Ertsberg 광산개발을 위해 1970년 1월에 Freeport사는 백텔사와 계약을 체결하여 선로, 송수관, 항구 등 지원시설 준비에만 수십억 달러와 수천명의 인원을 투입하였다.

이 노천광은 1972년말 이래 2,900만 톤의 구리광석을

▲ 이리안 자야의 3,700미터 고지에 있는 노천광, 세계 최대 구리광·금광(Freeport 광산)

채굴한 후 1989년에 한때 문을 닫기도 하였으나, 그후의 탐사활동 끝에 주변 지역에서 5개의 구리광을 추가로 발견하였다.

이때 발견된 Grasberg 광산은 1992년초에 확인된 매장량만도 총 7억 6,800만 톤에 이르는 세계 5대 노천 구리광산중의 하나이며, 세계 최대 규모의 단일 금광으로 알려지고 있다. Freeport 사는 최근 광업권을 연장하여 향후 30년간에 걸쳐 생산을 계속할 수 있게 되었는데 1992년에는 90만 톤 이상의 선광석을 일본, 독일, 미국, 한국 등에 수출한 바 있다.

이 회사에서는 환경문제에도 관심을 갖고 많은 비용을

투입하고 있으나 지역주민에 대한 인권 유린문제가 발단이 되어 1996년 3월에 대규모 소요사태가 발생하는 등 지역주민들과의 마찰로 한때 어려움을 겪기도 하였다.

회사측에서는 향후 10년간에 걸쳐 매년 수익금의 1% 수준인 1,500만 달러를 지역 사회발전 기금으로 내놓겠다고 약속함으로써 지역주민들과의 불화는 일단 진정되었다. 그러나 이 문제는 돈 보다도 문화상의 갈등현상에서 비롯된 것으로서 이를 치유하지 않고서는 근본적인 해결이 어려운 것으로 보인다.

4) 서방의 끝없는 경제지원

인도네시아의 경제는 독립 이후 동·서 양 진영의 원조에 크게 의존하여 왔다. 그러나 1965년의 공산구테타 사건 이후 출범한 수하르토 정부가 친서방의 정치노선과 자본주의 방식의 경제 정책을 채택하게 되자, 사회주의 진영의 경제원조는 끝나게 되었다.

당시 수하르토 정권은 파경에 빠진 경제를 되살리기 위해 사절단을 서방각국에 파견하여 수카르노 정권당시의 채무액에 대한 재조정과 신규 원조를 요청하게 되었다. 그 결과 서방측이 이를 호의적으로 받아 들임으로써 인도네시아 정부는 1965년이전의 채무에 대한 상환을 보장하고, 서방 채

권국들로부터 새로운 차관을 제공받기로 합의하였다.

1966년 당시에 인도네시아는 약 24억달러의 대외채무를 지고 있었다. 그러나 당시 연간 수출액이 4억 7천 5백만달러에 불과하여 상환능력을 의심한 서방측은 1966년 9월에 미국, 영국, 네덜란드, 이태리, 서독, 불란서, 호주 등 8개국과 IMF가 주동이 되어 '인도네시아 채권국 회의'(IGGI)를 결성하고 매년 일정액의 재정지원을 해왔다.

그러나 네덜란드 정부의 주도로 추진되어 온 IGGI가 1992년에 인도네시아 국내 정치문제와 연관시켜 재정지원의 전제조건을 까다롭게 제시하자 인도네시아 정부는 이에 불응하여 수원(受援)을 거부하는 사태로 급변하였으며 마침내 IGGI[2]는 그 기능을 상실하게 되었다.

그후 세계은행이 주동이 된 새로운 형태의 '인도네시아 원조자문단'(CGI)이 1992년 7월에 파리에서 첫모임을 갖고서 발족되었다. 새로이 결성된 CGI[3]에서는 인도네시아에 매년 50억달러 규모의 원조를 제공하기로 합의하고 지금까지 이를 이행해오고 있다.

그러나 이러한 차관은 결과적으로 인도네시아 경제의 대외 의존도를 심화시켜 경제개발을 위하여는 끝없이 외자도입을 계속해야 하는 악순환과 함께 외채부담을 가중시키고 있는 것이다.

---

2) Inter-Governmental Group on Indonesia
3) Consultative Group for Indonesia

외채현황(정부 공공부문)

(단위 : 백만 달러)

연 도	누 계
1990	65,154
1991	69,151
1992	68,305
1993	71,813
1994	77,015

※ 출처 : 세계은행 (1995년)

　실제로 인도네시아 경제는 매년 수출이 증가됨으로써 무역수지는 개선되고 있으나, 경상 수지면에서의 적자폭이 계속 악화됨에 따라 만성적인 재정 적자를 면치못하고 있는 가운데 외채대국이라는 불명예까지 얻게 되었다.

　최근 미국 Salomon 은행은 1995년말을 기준으로 인도네시아의 총외채 규모가 1,050억 달러에 이른다고 발표하고, 정부의 적절한 외채관리로 우려할 정도는 아닌 상태이나, 외채를 줄이기 위해서는 수출 우선의 경제정책과 저축의 장려책이 필요하다고 지적하였다.

　인도네시아 정부에서도 대외차관 조달은 가급적 양호한 조건의 차관을 지원받아, 악성외채를 상환해 나가는 정책을 펴나가고 있다.

　예를 들면 1994년의 경우 118억 달러의 신규차관을 도입하여 이중에 103억 달러를 악성외채 조기상환에 충당하였으며, 경제개발에 투자한 금액은 14.5억 달러 정도에 불

대외차관액

(단위 : 백만 달러)

구 분	1992년	1993년	1994년
대외차입	16,404	10,313	11,800
대외상환	6,937	7,041	10,349
잔 액	9,467	3,272	1,451

※ 출처 : City Bank (1995년)

과하였다.

정부의 외자도입은 대부분 일본과 세계은행으로부터 조달 되고 있다. 국가별로는 일본이 187억 달러로서 최대 지원국이며, 그 다음이 세계은행(IBRD)으로서 106억 달러를 지원하고 있다.

우리나라는 1995년에 인도네시아 원조자문단(CGI)의 일원으로 처음 참가하여 그해에 약 3,100만 달러 규모의 원조를 제공하였다.

인도네시아 과학원(LIPI)의 선임 연구원으로 있는 리택

국가별 외채현황

(단위 : 백만 달러)

국 가	외채액	비 율(%)
일 본	18,784	38.9
IBRD	10,597	21.9
ABD	4,365	9.0
미 국	2,863	5.9
독 일	2,250	4.7
불란서	1,167	4.5
기 타	8,186	15.1
계	48,212	100.0

※ 출처 : Antara 통신 (1995.7.21)

챙(Lie Tek Cheing) 교수는 "인도네시아가 경제력만제대로 갖춘다면 동남아 지역에서 으뜸가는 국가가 될 것이다. 현재 인도네시아의 취약점은 외국자본과 원조에 대한 의존도가 대단히 높다는 것이며, 이 때문에 풍부한 자연자원에도 불구하고 인도네시아의 경제수준은 아세안 6개국중에서 겨우 필리핀 보다 약간 나은 수준에 불과하다"고 개탄하였다.

인도네시아 정부도 계속 불어나고 있는 외채 감축을 위해 안간힘을 쓰고 있으나 당장 경제개발에 필요한 자금마저 지원 받지 못한다면 경제는 더욱 어려워질 것이므로 일본 등 서방 선진국에 계속 손을 내밀지 않을 수 없는 상황에 처해 있다.

5) 경제개발의 주역, 화교집단

인도네시아가 동남아의 여타 국가보다 비지니스 여건이 좋은 곳으로 알려져 화교들의 천국이 되고 있다는 것은 어제 오늘의 일이 아니다.

인도네시아에 거주하고 있는 소수민족인 중국계 화교는 전체 인구의 3% 수준으로서 600만명 정도로 추산되고 있다. 그러나 전체 인구에 비하면 얼마 안되는 숫자이지만 그들의 경제적인 파워나 비중은 거의 절대적이다.

그래서 혹자는 화교들이 없었다면 인도네시아가 오늘날

과 같은 경제적 성장을 이룩하지 못했을 것이라고 평하기도 한다. 그러나 화교들은 국가 경제발전을 위해 기여한 공적에도 불구하고 독립 이후 법적, 제도적인 차별은 물론 인종차별에 이르기까지 갖은 수모와 시련을 겪어야 했다.

오늘날에 와서는 인도네시아의 경제적 특권층을 형성한 중국계 화교들이 최고급의 주택과 호화 자동차 등 사치스런 생활을 향유하면서 토착인들의 질시와 빈축의 대상이 되고 있는 것도 사실이다.

중국인에 대한 인도네시아인들의 반감이나 적대적인 심리는 중국계 화교들의 경제권 장악에 따른 빈부간 갈등과 질투심에서 비롯되고 있다. 그 결과 현지의 중국인들은 1965년이후 지금까지 수차례 발생한 반중국인 폭동사건의 예에서 볼 수 있듯이 테러의 표적이 되고 있는 것이다.

일례로 1995년 11월에 중부 자바 퍼카롱안(Pekalongan)에서 중국인 정신이상자가 이슬람 경전인 '코란'을 찢었다는 이유로 시위대가 중국인 소유의 상가를 방화하였으며, 1996년 12월에 서부 자바의 타식말라야(Tasikmalaya)에서는 이슬람학교 교사에 대한 경찰의 강압신문이 발단이 되어 결국에는 중국계 상가를 파괴하는 등 반화교 폭동사태로 발전한 적이 있다.

중국계 화교들도 이러한 민심의 동향을 잘 알고 있을 뿐 아니라 1965년 구테타사건 당시의 화교에 대한 무차별 테

러도 경험한 일이 있어 장래의 정세불안에 대비하여 싱가폴, 홍콩 등지에 재산을 도피시키고 있다는 것은 이미 잘 알려진 사실이다. 비공식 소식통에 의하면 중국계 화교들이 싱가폴 은행에 예치하고 있는 금액만도 400억 달러에 육박한다고 한다.

중국인 화교에 대한 인도네시아 정부의 정책도 철저한 편이다.

화교들의 중국어 사용은 물론 화교 학교와 신문발행까지 금지시키고 있고 차이나 타운에서 한문간판을 찾아볼 수 없을 정도다. 이러한 정책은 국내거주 화교에 대한 동화정책과도 관련이 있는 것으로 보이나, 이들의 위치나 신분은 항상 제2국민으로 대우를 받고 있어 언제나 불안정한 상태에 있기 마련이다.

이러한 차별정책에도 불구하고 화교들이 인도네시아를 떠나지 않는 이유를 서강대학교 신윤환 교수는 경제적 기회와 중국인들의 급속한 인도네시아화로 설명하고 있다. 즉 인도네시아인들이 이들을 차별은 했지만 경제성장의 견인차가 되고 있는 중국인들의 역할을 인식하고 상당한 경제적 특혜를 제공해 왔다는 것이다.

또한 중국계 화교들의 대부분이 이미 인도네시아 시민권을 취득했고 현재에 와서는 중국전통을 기억하고 중국말을 할줄아는 중국인들이 거의 없는 상황이다. 따라서 신윤환

교수는

"이제 인도네시아는 이 땅에 사는 중국인들의 모국이자, 고향인 셈이다. 그래서 이들은 더이상 화교라고 불리지 않는다"

고 말하고 있다.

그러므로 이들은 동남아 중국인 사회에서 가장 먼저 화교 (華僑:Overseas Chinese)로부터 화인(華人 : Chinese Minority)로 변화하여 인도네시아 사회에서 소수 종족의 일원으로 정착하는 단계에 있다.

한편, 이곳에 거주하는 화교들의 최근 성향을 보면 신상에 어떤 문제가 생기게 되면 중국대사관에 도움을 청하기 보다는 오히려 인도네시아 정부로부터 보호를 원하는 경향이다.

이들 중국계 화교들의 대부분이 이민 2-3세대로서 인도네시아에 토착화되어 있어 사실상 중국정부와는 특별한 관계가 있을 수 없는 여건이다.

비록 화교들이 경제적인 부를 누리고는 있으나, 정치권력에 대해서는 대단히 미약한 위치에 있기 때문에 평소 영향력 있는 정계 또는 군부인사들과 인맥을 형성하여 필요시에 신변보호를 받을 수 있도록 노력하고 있는 것이 현실인 것이다.

일례로 중국계 화교의 거부로 알려진 림소룡(Liem Sioe

Liong)은 1950년대 중부 자바의 스마랑에서 당시 영관장교였던 수하르토와의 개인적인 교분관계를 배경으로 인도네시아에서 뿐만 아니라, 동남아시아에서 제1의 재벌기업으로 성장할 수 있었다.

그는 1980년대 후반에 이미 35억달러 이상으로 평가된 거대한 기업을 운영하고 있었으며 그가 소유하고 있는 기업 숫자도 450여개로 추정될 정도로 정확한 파악조차 어렵다.

이와 관련 1995년 10월 7일자 GATRA지가 "그가 소유중인 상당수 기업이 정부의 특혜로 성장되었다"는 외국 언론 기사를 인용 보도하자, 그는 자신의 기업은 독점이나 정부의 특혜와는 상관이 없다고 해명하기도 하였다.

그외에도 중국 복건성 출신 화교의 후예로서 인도네시아 10대 금융 부동산 재벌로 손꼽히고 있는 리포(Lippo) 그룹의 리아디(Riady) 회장이 있다. 그는 1996년 10월에 미국 클린턴 대통령의 재선출마를 앞두고 정치헌금 문제에 연루되어 세인의 관심을 끈 바 있는 장본인이기도 하다. 1995년의 미국 경제지, FORBES지는 Lippo 그룹을 "수하르토 정권하에서 성장한 대표적인 금융재벌"이라고 평가하였다.

인도네시아 언론에서 발표한 1995년도 100대 재산가의 내역을 보면 대부분이 중국계 화교들로서 인도네시아 토착인은 10여명 정도에 불과하다. 한 집권당 의원은 상위 20

대 재벌자산이 400대 기업 자산의 80%를 차지한다고 하면서 중국계 재벌들에 의한 부의 편중을 지적하였다.

정경유착에 의한 중국계 화교재벌에 집중된 부의 편중현상은 그 자체도 문제지만 대통령 선거 등의 정권교체를 앞두고 정치정세가 불안해지게 되면 기업자금의 해외도피를 가속화시켜 경제에 치명적인 결과를 초래할 것으로 우려된다.

그래서 정부일각에서는 팽창일로에 있는 화교재벌들의 경제권 장악을 막기 위해서는 민족재벌의 양성이 선행되어야 한다고 주장하고 있다. 이같은 주장은 말레이시아가 자국민을 위한 '부미푸트라' 정책을 통해 경제적 격차를 해소시켜나가고 있는데 반해 아직도 인도네시아는 순수 자국 기업인에 대한 정부의 정책적 배려가 미흡하다는 시각을 근거로 하고 있다.

2. 전략산업에 거는 기대

1) 하비비(Habibie) 장관의 집념

▶ 인도네시아에서 가장 부지런한 사람으로 유명한 하비비장관

 선진국의 과학기술을 받아들이기 위해 설치된 인도네시아 기술평가청(BPPT)은 과학기술에 관한 정책수립, 평가, 연구, 응용 등의 업무를 담당하고 있는 기관이다. 자카르타 중심가에 위치한 '탐린' 거리(Jalan Thamrin)에 있는 26층 건물의 청사에는 2,700여명의 직원이 근무하고 있으며, 그중 200명 이상이 박사학위를 소지한 연구관들이다.
 1982년에 개편된 기술평가청은 위원장(장관급) 1명, 부위원장 (차관급) 6명, 국장급 20명 등으로 되어 있는데, 국가개발기획원(BAPPENAS)과 함께 국가의 장기 개발계획 수립에도 참여하고 있다.

기술평가청과는 별도로 과학기술성산하에 국가의 전략산업을 관장하는 전략산업협의회(BPIS)가 구성되어 있다. 이 협의회는 1989년에 대통령 령으로 설치되어 전략산업에 대한 과학기술의 개발과 감독업무를 담당하고 있는데 하비비 과학기술성장관이 이 협의회의 위원장을 겸직하고 있다.

그는 20대 후반에 독일에서 공학박사 학위를 취득한 수재로서 30대에 독일 MBB 항공사에서 부사장으로 일하다가 수하르토 대통령의 부름을 받고 귀국, 20여년 동안에 걸쳐 과학기술성장관직을 맡고 있는 장본인이기도 하다.

그는 과학기술성장관직 이외에 산하 주요 국가기간산업

전략산업협의회(BPIS) 산하 회사

	회 사 명	생산 분야	소재지
1	PT. IPTN	항공기, 무장	반둥
2	PT. PAL INDONESIA	조선, 기술	수라바야
3	PT. KRAKATAU STEEL	제철	찌레본
4	PT. PINDAD	소화기, 중장비	반둥
5	PT. DAHANA	화약	타식말라야
6	PT. INTI	전화, 통신	자카르타
7	PT. INKA	철도	마디운
8	PT. BOMA BISMA INDRA	공작기계, 건설장비	수라바야
9	PT. BARATA INDONESIA	기계, 기술	수라바야
10	PT. LEN INDUSTRI	전자, 통신	자카르타

체의 사장 등 겸직중인 공식직함만도 무려 20여개에 이르고 있는것으로 알려지고 있으며, 더욱이 국가의 대형프로젝트인 바탐(Batam)섬 개발과 나투나(Natuna)섬의 가스전 개발 사업을 직접 담당하고 있다. 과학기술성산하에는 항공(PT. IPTN), 조선(PT. PAL), 철강(PT. Krakatau Steel), 조병창(PT. PINDAD) 등 10개의 기간산업체가 속해 있다.

이들 회사에서 생산되는 제품은 항공기에서부터 철도, 선박, 기관차 등과 고도의 기술을 요하는 첨단산업 분야까지 다양하다. 고용인원만 43,000명이나 되는 이들 10개 산업체는 기간산업을 이끌어가는데 중추적 역할을 하고 있다.

1995년 8월에 독립 50주년을 기념하기 위한 대대적인 산업경축행사의 일환으로 국영항공기 제작회사에서는 자체에서 설계·제작한 N-250 항공기를, PT. PAL 에서는 자체 기술로 건조한 5만톤급의 팔린도 자야 (Palindo Jaya) 여객선을, 그리고 PT. Inka에서는 철도차량 (Argo Bromo & Gede)을 처음 선보이기도 하였다.

하비비(Habibie) 장관 약력

. 1936년 6월 25일. 남부 술라웨시 태생 (이슬람)
. 1960   독일 Aachen 공대졸업(공학박사)
. 1966-1973   독일 MBB 수석 연구관
. 1974-1978   인도네시아 국영석유공사 고문
. 1976-현재   항공기 제작사(IPTN) 사장

. 1978-현재   '바탐' 산업개발위원장
. 1978-현재   조선소(PT. PAL) 사장
. 1978-현재   기술평가청(BPPT) 위원장
. 1983-현재   인도네시아 항공우주연구소장
. 1983-현재   군 조병창(PT. PINDAD) 사장
. 1983-현재   국영석유공사 자문위원장
. 1984-현재   인도네시아 기술개발재단 총재
. 1989-현재   전략산업(BPIS) 위원장

2) 항공기를 조립생산하는 나라

　　인도네시아의 전략산업중에서도 항공, 조선, 조병창을 3대 방위산업이라고 부른다. 그중에서도 항공기 제작회사는 인도네시아의 간판산업이라고 할 수 있을 만큼 중요한 위치를 차지하고 있다.

　　1947년에 식민지 통치를 끝내고 철수한 네덜란드 사람들은 "인도네시아 사람들의 두뇌로는 결코 항공기를 만들어내지 못할 것"이라고 하여 인도네시아인들의 자존심을 상하게 한 일이 있다고 한다.

　　인도네시아는 1970년대에 경제개발을 추진할 시기에 노동 집약적인 산업으로는 고도 경제성장이 어렵다는 판단아래 항공산업 분야의 기술자인 하비비를 독일에서 급거 스카우트 하였다.

　　1995년에 와서야 1인당 국민소득이 겨우 1,000 달러

▲ 헬기를 조립하고 있는 인도네시아 항공기 제작회사(IPTN)

수준에 도달한 인도네시아이지만 첨단기술을 요하는 항공산업에 눈을 돌린 것은 벌써 20여년전의 일이다.

지리적 여건상으로 14,000여개의 도서로 구성된 인도네시아로서는 도서간의 수송 수단을 해결하는 것이 급선무였기 때문에 자연히 항공기 제작에 국가적인 관심이 집중될 수 밖에 없었다.

현재 항공기 제작분야에 종사하고 있는 인원만 15,000명이며, 이중 외국에서 스카우트 해 온 고급인력만도 300여명에 이르고 있다.

1976년에 설립된 IPTN은 스페인 CASA사와 합작으로 18인승의 NC-212기종의 조립생산에 착수하였다. 이어서 독일, 프랑스, 미국과 NBO-105, Puma, NBELL 헬기 조립도 추진하여 기술을 축적해 나가고 있다.

1986년부터 스페인 CASA사와 합작으로 조립생산하고 있는 35인승의 CN-235 중형기는 국내외에서 좋은 반응을 얻고 있는 가운데, 아랍 에미레이트, 말레이시아, 태국 등 여러나라로부터 주문을 받고 있다.

IPTN사의 항공기 생산 현황

기종	국내 수요	외국 수요	계
NC-212 (스페인 CASA)	90	5	95
NBO-105(독일 MBB)	113		113
NAS-330/332(불란서 Puma)	21	9	30
CN-235 (스페인 CASA)	40	14	54
NBELL-412(미국 Bell)	22	2	24
계	286	30	316

※ 출처 : IPTN (1996년 6월 현재)

1995년에는 항공산업 분야에서의 기술축적과 경험을 이용하여 독자적으로 설계한 50인승의 N-250기에 대한 개발시험에 성공함으로써 세계의 주목을 받기도 하였다. 이 N-250 기종은 이미 200대 이상의 주문을 받아놓고 있을 정도로 시장성이 높은 것으로 평가되고 있으며, 장차 미국 시장을 겨냥하기 위해 별도의 조립공장을 미국 본토에 세울 계획도 추진하고 있다.

1995년 7월 13일자 Economic Review지에서는 "인도네시아 수준의 저개발국가가 N-250 중형기 개발을 시도한다는 것은 하비비 장관의 모험이라고 밖에 볼 수 없다. 그는 이를 위해 연봉 5,000 달러에 불과한 국내 기술진과는 비교가 안되는 연봉 10만 달러 수준의 외국 기술인력을 350명이나 고용하고 있다"고 지적하였다.

첨단기술의 항공기 산업을 이끌어 가고 있는 하비비 장관의 집념이나 용기는 2000년대를 향한 인도네시아인의 꿈이기도 하다. 그는 21세기초에 예상되는 교통환경의 변화로 오는 2020년까지 국내외 중형기의 소요는 무려 4,500대 이상이 될 것으로 예상하고 있으며 2003년에 가서는 보다 고성능의 젯트엔진을 부착한 130인승의 N-2130 중형기를 독자적으로 개발하겠다는 자신에 찬 포부를 피력하고 있다.

그러나 인도네시아 항공산업의 장래에 대해 의구심을 갖

▲ 인도네시아 기술진으로 자체개발한 N-250 신형항공기

고 있는 세계은행이 N-2130 신형항공기 개발에 필요한 20억 달러에 달하는 재정지원을 꺼려하자, 정부에서는 자구책으로 국내 기업인들의 공동참여를 통해 재원조달을 추진하게 되었다.

이렇게 하여 설립된 PT. 2130사는 수하르토 대통령을 포함하여 전직 부통령을 이사진으로 임명하여 1996년 2월에 성대한 발족식을 가졌다.

IPTN사는 설립 이래 정부의 투자액만도 6억 8,300만 달러에 이르고 있는 엄청난 규모의 항공기 개발업체이다. 소형자동차도 만들어 내지 못하는 기술수준으로 항공기를 제작하려는 시도에 대해 일부에서는 회의적인 시각도 없지 않았다. 그러나 IPTN사의 헤루(Heru) 부사장은 "인도네시아는 세계항공산업계의 후발주자로서 브랜드가 잘 알려지지 않았다는 점이 불리할 뿐이지, 기술적인 면에서는 전혀 문제가 없다"고 말하고 있다. 항공산업을 발전시키기 위해 동분서주하고 있는 하비비 장관의 자신감에 찬 뜨거운 열정이 냉혹한 현실 여건을 어떻게 극복해 나갈 수 있을지 주목이 된다.

3) 현대시설의 조선소

인도네시아는 세계 최대의 도서국가로서 내해 면적은 약 3

10만 ㎢이나, 200마일의 경제수역을 포함할 경우에는 580만 ㎢에 달하는 어마어마한 해양면적을 보유하고 있다.

이러한 지리적 여건으로 해상 수송량의 증가와 함께 선박 수요가 급속도로 늘어나게 되자, 인도네시아 정부는 선박의 국내건조 촉진을 위해 1980년부터 수라바야에 위치한 PT. PAL 조선소의 시설 현대화에 착수하면서 하비비 장관을 이 조선소의 사장으로 임명하였다. 이 조선소는 수라바야의 동부함대사령부 인근에 위치하여, 해군 함정에 대한 수리와 정비도 동시에 전담하고 있어 '해군 조선소'라고도 널리 불려져 왔다. 지난 1994년에 구 동독 해군에서 사용하던 것을 헐값으로 도입한 39척의 함정도 바로 이 조선소에서 정비를 하고 있다.

PT. PAL 조선소에서는 이미 450톤급(전장 57m)의 고속정(FPB)을 포함하여 2,500톤급의 프리게이트함, 600톤급의 소해정, 1,200톤급의 젯트 호일선 등의 작업라인을 갖추고 있으며, 외국과의 기술제휴로 이들 함정들을 공동으로 건조하고 있다.

해군 함정 이외에 이 회사는 페르타미나 석유공사의 수주를 받아 3,500톤급의 유조선 건조에 착수하였으며, 5만 톤급 여객선에 대한 진수식도 지난 1995년에 가진 바 있다. 미래의 조선국가로 발돋움 하기 위한 원대한 꿈이 이제 조금씩 가시화 되고 있어 국민들의 기대 또한 큰 듯하다.

4. 경제와 전략산업

▲ PT. PAL에서 건조한 함정

 그러나 전략산업협의회(BPIS)에서는 지난 1997년 1월 국회 질의답변을 통해 IPTN, PT. PAL, PINDAD 등 3개 방위산업체가 예년과 마찬가지로 1995년에도 약 9,000만 달러 규모의 재정적자를 내었다고 밝힌 바 있다.

 이로 미루어 볼 때 그동안 시설 확충을 위해 많은 예산을 투자해 왔으나, 경영의 악화와 운영상의 차질로 이들 기업들의 경영이 계획대로 잘 되지 않고 있는 것으로 보인다. 이와 같이 어려운 현재의 상황과 관계없이 국민들은 산업화를 부르짖는 하비비 장관에 대해 큰 기대를 걸고 있어 이러한 국민들의 여망에 제대로 부응하지 못한다면, 장래 그의 정치적인 입지마저 어렵게 만들지 모른다.

 한편, 인도네시아 방위산업체의 하나인 군조병창(PIN-DAD)은 반둥에 위치해 있다. 이 조병창은 네덜란드 식민지배 당시인 1908년부터 각종 화기류에 대한 정비센타로 사용되어온 곳이다. 그후 군 조병창으로 이관되어 군에서 관리를 맡아 왔으나, 1983년에 하비비 과학기술성장관이 이 회사 사장직을 맡고부터는 직접관리체제로 전환되었다.

군 조병창에서 생산하고 있는 것은 민수용의 소형발전기와 각종 기계류, 그리고 군수용의 소총, 소화기 탄약, 권총, 수류탄 등이 주종을 이루고 있으나, 제한된 군수품 생산만으로는 운영이 되지 않기 때문에 평소에는 민수용품 생산에 주력하고 있다.

1995년 11월에 반둥에서 개최된 국방과학 세미나에서 하비비 장관은 "전략산업협의회(BPIS) 산하의 방위산업은 안보 목적상 유사시에는 100% 군사목적으로 활용할 것이나, 막대한 비용충당을 위해 평시에는 생산라인의 80%선을 상업용으로 전환할 예정"이라고 말하였다.

아직까지 초보단계를 면치 못하고 있는 조병창은 앞으로 10년간에 걸쳐 고용인력을 10,000여명 수준으로 늘리고, 3.5억 달러를 투자한다는 계획을 세우고 있으나, 재정여건으로 보아 계획대로의 추진은 어려울 것으로 보인다.

제5장 인도네시아를 움직이는 군부

1. 인도네시아군의 역사

1) 인도네시아 군이 태어나기까지

인도네시아 군대를 흔히 '아브리'(ABRI)1) 라고 부른다. '아브리'는 육군, 해군, 공군 그리고 경찰까지 모두 4개 군으로 편성되어 있다. 다른 용어인 '떼·엔·이'(TNI)2)는 인도네시아 국군이라는 뜻으로 현재 육·해·공군에서 공통으로 사용해오고 있는 애칭이기도 하다.

인도네시아 군의 역사를 살펴보면, 네덜란드의 식민통치 시대까지 거슬러 올라간다. 네덜란드는 350여년간에 걸쳐 인도네시아를 점령하면서 식민통치를 위해 '네덜란드 왕국 군대'(KNIL)3)를 조직하였다.

이때부터 인도네시아 청년들은 네덜란드 군에 징집되어 처음으로 체계적인 군사훈련을 받을 수 있었다.

그후 2차 대전때 일본 군이 네덜란드 군을 축출하고 3년여

---

1) ABRI : Angkatan Bersenjata Republik Indonesia
2) TNI : Tentara Nasional Indonesia
3) KNIL : Koninklijke Nederlands Indische Leger

동안 인도네시아를 점령하게 됨으로써 일본식의 군사훈련도 받게 되었다. 당시 일본의 점령하에서 인도네시아 최초의 군사조직인 '조국 수호대'(PETA)가 조직되었으나, 1945년 8월에 일본의 패배로 이 조직은 '국민 방위대'(BKR)로 흡수되었다. 독립 이후인 1945년 10월 5일에 와서 인도네시아 국군(ABRI)의 모체가 되는 '국민 방위군'(TKR)이 결성되었는데, 정부는 이날을 '국군의 날'로 지정, 매년 성대한 기념식을 거행해 오고 있다.

1946년에는 '국민 방위군'(TKR)을 다시 '공화국군'(TRI)으로 개칭 하였으며, 이듬해인 1947년에 와서는 네덜란드군의 재침공에 대비하여 군 조직을 대대적으로 개편하였다. 이때 과거의 국민 방위대(BKR) 조직을 비롯, 각종 군사조직에 참여한 사람들을 모두 규합하여 인도네시아 국군인 '떼 · 엔 · 이'(TNI)이라는 새로운 이름으로 명명하게 되었다.

당시의 국군은 육 · 해 · 공군 등 3개군으로 편성되어 있었으나, 1963년에 와서 경찰군(POLRI)이 추가로 국군조직에 편입되면서 부터 4개군으로 되어 '떼 · 엔 · 이 아브리'(TNI ABRI)로 불리워지는 인도네시아 군이 만들어져 오늘에 이르고 있다.

오늘의 인도네시아 국군인 'TNI-ABRI'가 있기 까지 창군 멤버로서 다양한 군사조직을 규합시키는데 주도적인 역할을 한 사람은 초대 국민 방위군 총사령관 수디르만

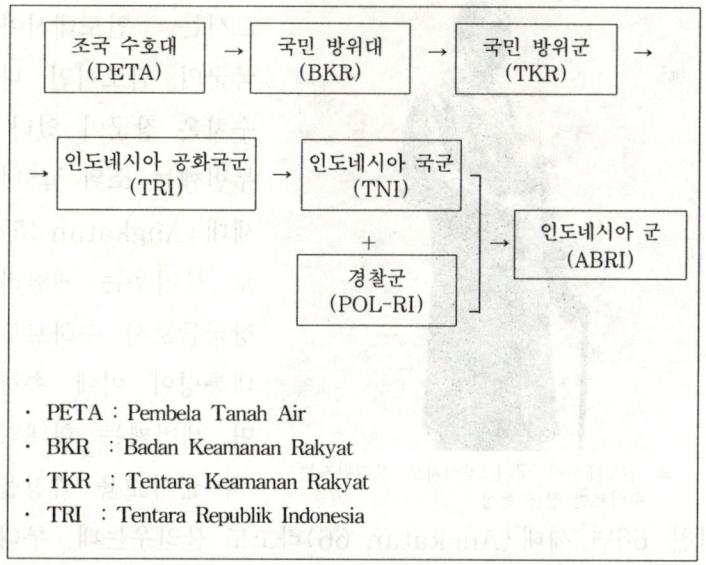

(Sudirman)장군이다. 그는 국민들의 정신적인 지도자로서 30세의 나이에 총사령관직에 올랐다.

지금도 그의 공적을 기리기 위해 자카르타 중심부를 관통하는 대로를 '수디르만 장군' 거리(Jalan Jend. Sudirman)로 명명하고 있다.

창군 당시에 있어서 인도네시아 군의 인적 구성은 출신 배경이 각기 다른 3개 그룹으로 구분할 수가 있다. 즉 네덜란드 식민치하에서의 '네덜란드 왕국군대'와 일본 통치시절의 '조국 수호대', 그리고 창군과 함께 배출된 간부학교 또는 정규사관 출신 등을 들 수 있다.

▲ 인도네시아 군의 창시자로 불리워지는 수디르만 장군 동상

이중 첫번째 그룹으로서는 인도네시아 국군의 원조격인 나수치온 장군이 있다. 두번째는 소위 '45년 세대'(Angkatan 45)로 불리우는 게릴라 장군들로서 수하르토 대통령이 이에 속하며 세번째는 현대식의 군사교육 과정을 거친 '66년 세대'(Angkatan 66)라고도 불리우는데, 루디니, 베니 무르다니, 트리 장군 등이 바로 그들이다.

이와 같이 인도네시아 군은 창군 과정에서부터 네덜란드와 일본식의 군사훈련을 받은 각기 다른 배경을 가진 다양한 조직들이 규합되어 태생하였다.

2) 군조직의 대폭적인 개편

군이 지금과 같은 조직을 갖추게 된 것은 1985년에 베니(Benny) 통합군사령관의 주도로 군 조직에 대한 통폐합 작업이 이루어지면서 부터이다.

당시 군 조직개편의 기본 취지는 정부예산 삭감 추세에 맞추어 군 조직을 정비하여 효율적인 작전지휘와 경제적인 군 운영을 달성하기 위한 것이었다.

조직개편의 결과, 통합군사령부 밑에 있던 4개의 방면군사령부(KOWILHAN)가 해체되었으며, 육군이 가지고 있던 16개의 지역사령부(KODAM)가 10개로 대폭 축소되었다. 그리고 해군은 8개의 기지사령부를 5개로 조정하였으며, 하나의 함대사령부를 동부와 서부 2개로 작전지역을 양분시켰다. 공군은 5개 공역사령부를 해체하고, 그 대신에 2개의 작전사령부를 신설하였다.

군 상층부의 계급구조도 통합군사령관과 육군총장은 종전과 같이 대장급으로 그대로 두었으나, 해·공군총장과 경찰군사령관의 경우는 대장에서 중장급으로 부대규모에 알맞게 하향 조정하였다.

이에 따라 해·공군과 경찰의 경우는 소장급 중에서 참모총장으로 임명과 동시에 중장으로 승진시키고 있으며 일정기간이 지난후에야 대장이 된다. 한편 육군총장은 해·공군총장과 경찰군사령관 보다 항상 서열상으로 상위를 유지하고 있으며 육군총장에서 통합군사령관으로 임명되는 경우가 많은 편이다.

이러한 군 조직의 대대적인 개편작업은 당시에 누구도 쉽게 손댈수 없을 만큼 어려운 작업이었으나, 오늘날과 같이 비교적 간소화된 조직을 갖추게 된 것은 베니 장군의 공적으로 높이 평가되고 있는 것이다.

3) 군의 운용전략

1995년 8월에 에디(Edi) 국방성장관은 안보관련 세미나에서 현재 인도네시아에 잠재적 위협이 되고 있는 가상의 적이 누구이며, 또 무엇인지 설명하기가 쉽지 않다고 말하고, 이러한 위협은 갈수록 불분명해 질 뿐 아니라, 더욱 교묘한 형태로 도전해올 것이기 때문에 이를 저지할 수 있는 방위력을 충분히 갖추고 있어야 한다고 강조한 바 있다.

인도네시아 군은 도서국가라는 지리적 특성과 2억에 달하는 풍부한 인적자원을 기반으로 하여 외부로부터의 위협 세력에 대비하기 위해 이에 적절한 몇가지의 운용 전략을 가지고 있다.

첫째, 전국에 배치된 10개의 육군지역사령부는 자체보유 전투력을 이용한 도서 단위의 지역방위 개념으로 운용되고 있다.

다시말해 육군지역사령부는 주둔지역의 도서 방위를 주임무로 하는데, 자바섬의 경우는 인도네시아의 중심부에 해당되는 도서로서 전략적인 중요성을 고려하여 4개의 지역사령부가 집중되어 있다. 그리고 수마트라 섬에는 2개의 지역사령부가 배치되어 있다.

둘째, 전략기동 부대를 필요한 지역에 공중, 해상으로 신속히 투입 시키고 있다. 육군의 전략사령부와 특전사령부 그리고 해병의 상륙부대는 이러한 목적을 위해서 편성된 정예부대로서 항시 투입이 가능하도록 전략예비로 확보하고 있다. 이러한 전략기동을 위한 부대병력과 장비의 신속한 지원을 위해서 수송기와 상륙함을 상당수 보유하고 있다.

셋째, 영토의 대부분이 정글로 덮혀있고 수많은 도서로 구성되어 있어 비정규전 형태의 게릴라전법이 발전되어 있다. 이것은 인도네시아의 지리적 특성에 걸맞게 구상된 것으로서 외부로부터의 위협세력에 대한 지구전 개념의 운용전략이라고 볼 수 있다.

이러한 운용개념을 현실화하는 데는 문제점도 있기 마련이다.

인도네시아 군은 해상초계와 기동투입 능력을 증진시키기 위해서 해군과 공군 장비개선에 우선을 둔 현대화 사업을 연차적으로 추진해오고 있으나, 예산사정으로 그 실적은 대단히 부진한 편이다.

무기체계면에서도 인도네시아 군은 복잡하게 구성되어 있다.

이는 1950년대부터 소련, 미국, 호주, 영국, 독일, 네덜란드 등 세계 여러국가들과 군사교류를 추진하면서, 이들

국가들로부터 군사원조를 포함하여 군사교리까지 마구잡이로 들여왔기 때문이다.

1960년대의 초대 수카르노 대통령 당시에는 친소정책으로 소련과 체코 등의 사회주의 국가로부터 화포, 전차, 전투기 등 군사장비를 주로 지원받아 왔으나, 오래동안 지속되지는 못하였다. 그러다가 1970년대 수하르토 집권이후부터는 미국, 독일 등 서방 국가로부터 군사원조와 군사교육 등을 제공받게 되자 다시금 친서방 무기체제로 바꿔야 하는 진통을 겪어야만 하였다.

그 결과, 인도네시아 군의 장비는 1950년대에 도입된 구형에서부터 최신 첨단장비가 있는가 하면, 세계각국에서 생산된 여러종류의 무기체계를 혼용해서 사용하고 있기 때문에 언뜻보면 세계무기의 전시장과 같기도 하다. 근래에 와서 인도네시아 군이 장비의 현대화와 무기체계에 대한 표준화 작업을 서두르고 있는 이유도 이러한 문제점을 해소하기 위한 것이다.

2. 인도네시아 군의 편성

1) 상징적인 국방성

인도네시아 국가방위법 제20조(1982년)에 의하면, 대통령은 육·해·공군과 경찰군을 총지휘하는 군의 최고통수권자이다.

국방성장관은 국가의 가용자원을 활용하여 방위력 건설임무를 수행하며 통합군사령관은 국가와 국민의 안전을 위해하는 모든 위협요소를 억제, 극복, 제거하기 위한 군사력을 배양하거나 사용하도록 법률에 명시되어 있다.

또한, 국방성장관과 통합군사령관은 기능상으로 동일한 성격의 국방과 치안유지 임무를 수행하며, 상호 대등한 위치에서 대통령을 보좌하는, 2인 1역으로서 서로 분리될 수 없는 관계라고 할 수 있다.

이러한 이유로 1983년이전까지만 해도 한 사람이 국방성장관과 통합군사령관직을 동시에 겸임해온 적이 많았으나, 업무의 과중으로 분리하게 되었다.

▲ 국방성본부 청사

국방성은 산하 육·해·공군과 경찰군에 대한 예산, 인력 운영 및 군수 조달 등의 관리업무를 수행하며, 산하기관간의 업무협조와 조정 역할도 담당하고 있다. 주요부서로서는 예산 기획, 인력, 군수 조달, 감찰국 등이 있다.

군의 최고 교육기관으로 국방대학원(LEMHANNAS)이 있는데, 이곳에서는 대령, 장군 등 군 고위 간부뿐만 아니라 공무원, 국영기업체 간부들도 상당수 교육을 받고 있어 명실공히 정부 엘리트들의 교육기관이라 할 수 있다.

인도네시아 군의 병력은 육·해·공군과 경찰군을 포함하여 약 45만명에 이른다. 병력수로 보면 육군과 경찰이 압도적으로 많은 반면에 해군과 공군은 소규모로 편성되어

정규군 병력 현황

구 분	병 력
육 군	214,000
해 군	40,500
공 군	20,000
경 찰	174,000
계	448,000

※ 자료 : Military Balance 1995/96

있으며, 징병제도는 지원병제를 채택하고 있다.

제6차 국방 5개년 계획(1994-1999)에 의하면 육군은 24만 3천명, 해군은 4만 7천명, 공군은 2만 3천명, 경찰군은 19만 2천명으로 각각 증원할 계획으로 있어 현재의 병력수준보다 약 5만명이 늘어 날 전망이다.

정규군 이외에 준군사 조직으로 경찰의 치안기능을 보조하고 있는 '민방위대'(HANSIP)가 약 300만명, '국민보안군'(KAMRA)이 약 50만명 규모로 전국적으로 편성되어 있다. 이들은 매년 2주간의 군사훈련을 받고 있으며 비무장으로 정부산하 기관에서 근무하고 있다. 이들은 내무성 산하의 지방정부에서 관장하고 있으나, 보수는 정부의 보조가 아닌 해당 지역주민들로 부터 거출받아 지급하고 있다.

그외에도 순수민간 차원에서 직장(회사)의 경비를 목적으로 전국에 약 200만명의 '직장경비대'(SATPAM)가 별도로 조직되어 있는데 이들은 지역경찰의 통제를 받고 있다. 이들에 대한 재정보조는 소속직장에서 직접 지원해 주고 있다.

5. 인도네시아를 움직이는 군부

한편 국방예산은 1994년을 기준으로 국내 총생산(GDP)의 1.7%에 해당하는 12.8억달러에 불과하며 동남아 국가중에서 가장 낮은 수준이다. 국방예산중에서 경상비와 부대개발비에 대한 비율은 3:1 수준으로서 경상비의 60%가 인건비로 되어있다.

국방성의 관계자는 앞으로 국방예산이 국내 총생산의 2~3% 수준으로 증액되기를 희망하고 있으나 정부의 재정여건으로 보아 가까운 시일내에 현실화하기는 어려울 것으로 보인다.

2) 통합군사령부

통합군사령관(Panglima ABRI)은 군사작전의 준비와 군사력 사용에 대한 군의 최고책임자로서 각료급에 준하는 예우를 받고 있다. 통합군사령부는 육·해·공군과 경찰군사령부 예하의 부대에 대한 작전 통제권을 행사하는 지휘본부로서의 역할을 하고 있다.

기본조직으로는 통합군사령관 밑에 2명의 중장급으로 된 일반참모장과 정치사회 참모장이 있다. 일반참모장(KASUM)은 휘하에 기획예산, 인사, 작전, 정보, 군수, 민사국 등을 두고 있으며 일반적인 군사사항을 담당하고 있다. 정치사회참모장(KASSOSPOL) 밑에는 정치사회국과 인사국이 있는데 군

▲ 통합군사령부 본청 청사

의 이중기능의 하나인 정치참여에 관한 소관업무를 수행한다. 그 일례로서 군인의 신분으로 국회에서 활동하고 있는 국회의원이나 행정부처의 주지사, 시장, 군수 등에 대한 선발과 관리는 물론, 5년마다 실시되는 총선과 관련된 업무도 정치사회참모부에서 담당하고 있는 분야이다.

그외 통합군사령부 예하에는 방공사령부와 국내외의 군사정보 기관을 관장하고 있는 정보본부(BIA), 그리고 경호임무를 담당하는 대통령 경호부대가 별도로 편성되어 있다.

통합군사령관의 직접적인 작전통제를 받고 있는 육·해·공군 및 경찰군의 주요 작전부대로서 육군전략사령부(KOSTRAD), 육군특전사령부(KOPASSUS), 그리고 10개 육군지역사령부 (KODAM)가 있고 그외에도 해군함대

통합군 사령부 편성

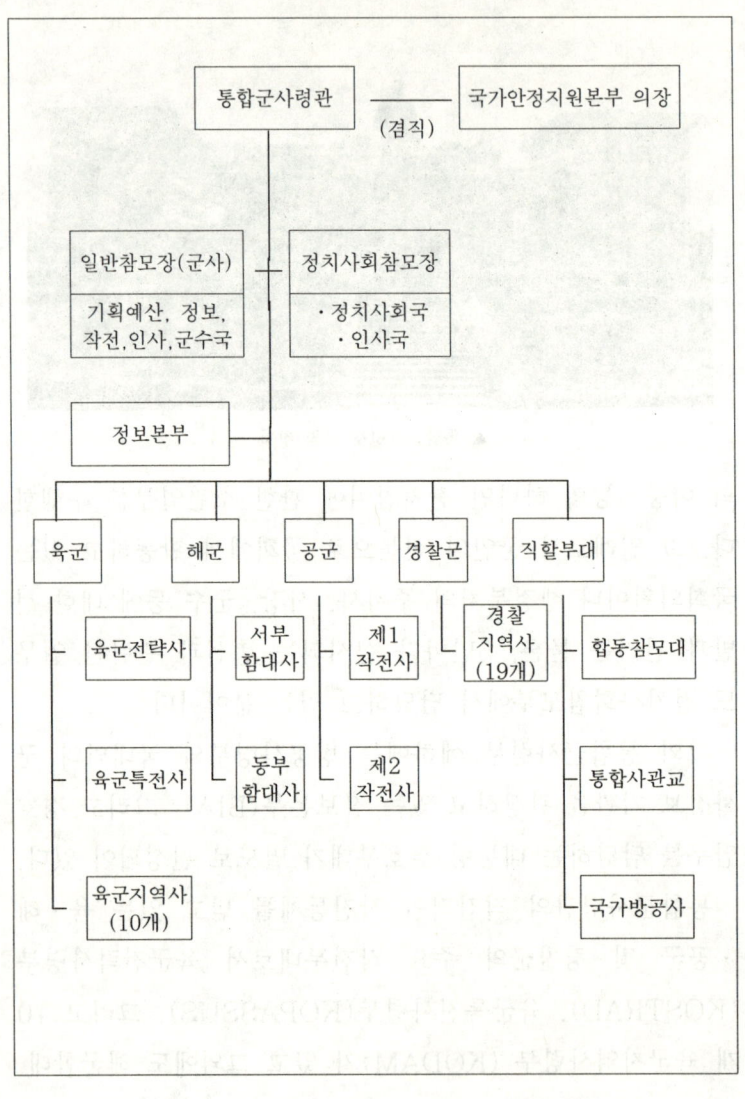

사령부, 공군작전사령부, 그리고 19개 경찰지역사령부(POLDA) 등이 있다.

통합군사령부의 교육기관으로는 합동참모대학과 4개 사관 학교 교육을 지원하고 있는 통합사관학교가 있다.

한편 통합군사령관은 상설 계엄사령부의 기능과 유사한 기구인 국가안정지원본부(BAKORSTANAS)의 의장을 겸하고 있다. 안정지원본부는 국가의 안정과 치안질서를 유지하기 위해 설치되어 있으며, 지방단위로 임무가 분권화되어 육군지역사령관(소장급)이 지방안정지원본부 의장직을 수행하고 있다.

3) 육·해·공군과 경찰군

육군(TNI-AD)은 전체 병력규모가 약 22만명으로 해군과 공군을 숫적으로 압도하고 있다. 따라서 주력군으로서의 육군이 국방성본부, 통합군사령부내 주요직을 대부분 차지하고 있는 것도 사실이다.

육군참모총장은 예하부대에 대한 교육과 훈련은 물론, 진급과 보직 등의 인사관리권을 가지고 있어 통합군사령관 이상으로 군에 대한 실질적인 권한과 영향력을 행사하고 있다. 참모총장 밑에는 참모차장(중장급)과 인사, 정보, 작전, 군수, 민사참모(소장급) 등의 참모로 구성되어 있다.

▲ 대통령궁 인근에 위치한 육군본부 청사

육군의 전력은 지역방위 임무만을 수행하는 10개의 육군 지역사령부(KODAM)와 육군전략사(KOSTRAD) 등의 작전부대로 구분된다.

육군 지역사령부는 전국적으로 10개처에 분산 배치되어 있는데 자바섬의 경우는 수도(자카르타) 지역사를 포함하여 서부(반둥), 중부(스마랑), 동부(수라바야) 등 4개 사령부가 집중으로 배치되어 있다. 이는 자바섬이 인도네시아의 심장부 역할을 하고 있는 전략적인 요충이기 때문이다.

그리고, 수마트라에는 메단과 팔렘방에 2개 지역사령부가 위치하고 있다. 그외에도 칼리만탄의 발릭빠빤, 술라웨시의 우중빤당, 이리안자야의 자야뿌라, 누사떵가라의 덴빠살(발리)에도 지역사령부가 위치하고 있다.

육군의 주요 작전부대로 눈여겨 봐야할 것은 전략사령부와 특전사령부로 대표되는 정예부대이다. 전략사령부는 2개 사단으로 편성된 잘 훈련된 부대다. 이 전략사령부는 1965년에 수하르토 장군(현 대통령) 지휘하에서 9·30 공산구테타를 진압한 부대로도 잘 알려져 있으며, 본부는 수도 자카르타에 위치하고 있다.

자카르타 근교에 위치한 특전사령부는 특수전 임무를 수행하는 '붉은 베레모' 부대로서 사단급에 준하는 5개 그룹으로 구성되어 있으며, 고도의 전투력을 갖춘 최고의 엘리트부대로 알려지고 있다.

한편 육군은 AMX 및 PT-76 경전차, 105미리 곡사포, 81미리 박격포 등의 경장비로 무장되어 있어 어느 일면 외부로부터의 위협에 대처하기 보다는 대내적인 안보유지 목적으로 편성되어 있다고 볼 수 있다.

해군(TNI-AL)은 4만여명에 불과한 소규모 병력으로 편성되어 있다. 이와 같이 적은 병력으로 580만km^2에 달하는 광대한 해역을 지키기에는 역부족인 것이 사실이다.

해군은 참모총장밑에 인사, 작전, 군수참모부(소장급) 등이 편성되어 있으며, 중장급에 해당되는 참모차장직은 기구개편으로 1985년에 폐지되었다.

예하의 작전부대로는 주력함대인 동부함대사와 서부함대사로 양분되어 있으며 함대사령부 밑에는 자카르타, 수라바

▲ 해군본부 청사

야 등지에 5개 기지사령부가 있다. 그리고 해병대가 2개 여단에 12,000명의 병력으로 구성되어 있다.

해군의 주요 전력은 잠수함(독일산 209형) 2척을 포함하여, 프리게이트 15척, 초계정 30척, 수륙양용함 15척 등이다. 그 중에는 1980년대초에 한국에서 수입한 고속정 6척과 상륙정 4척이 해군의 주력함으로 지금까지 작전에 운용되고 있다.

공군(TNI-AU)은 2만명 수준의 소규모 병력으로 편성되어 있다. 공군본부는 참모총장밑에 인사, 작전, 군수참모부 (소장급) 등으로 편성되어 있으며, 제1작전사령부는 자카르타에, 제2작전사령부는 우중빤당에 위치하고 있다. 주요 공군기지로 자카르타, 메단, 팔렘방, 반둥, 스마랑 등 10개

▲ 공군본부 청사

처에 작전기지를 두고 있다.

　과거 공군의 주 전투력은 1960년대에 구 소련이 지원한 미그(MIG) 전투기에 의존하여 왔으나, 기종의 노후화로 이미 폐기된지 오래이다. 그후 미국에서 F-5, F-16 등의 최신예 기종을 도입한데 이어 1993년에는 영국으로부터 호크 전투기 24대를 도입하여 장비 현대화에 박차를 가하고 있다.

　공군의 편성은 2개 지상공격대대와 1개 요격대대, 1개 대전복대대, 1개 정찰대대, 4개 수송대대 및 3개 헬기대대 등으로 구성되어 있으나, 보유중인 공군의 전력은 90여대에 불과하다. 더욱이 공군은 전폭기 보다도 장거리 병력수송 목적으로 C-130 허큐리스 수송기를 상당수 보유하고 있어 공중전투 기동력의 보강 필요성이 시급한 것으로 지적되고 있다.

 경찰군 (POLRI)의 병력은 육군보다 조금 적은 규모인 18만명에 이른다. 원래 경찰군은 내무성 소속으로 독립되어 있었으나, 1967년부터 육·해·공군과 함께 통합군사령부의 작전통제를 받고 있다.

 경찰군 사령부는 경찰군 사령관 밑에 소장급에 해당하는 작전참모부장과 행정참모부장으로 편제되어 있으며, 육·해·공군과 동일한 계급구조하에서 경찰고유의 독립된 기능을 보유하고 있다.

 자카르타 지역사령부(Metro Jaya)를 포함하여 전국에 19개 지역사령부가 산재하고 있다. 자카르타(수도), 서부

▲ 경찰군사령부 본청

자바, 중부 자바, 동부 자바 등 인구 밀집지역의 경찰사령관은 소장급이, 중·소 도시의 경우는 준장, 또는 대령급이 지휘하고 있다. 인구에 비해 경찰력의 수가 적어 경찰 1명이 인구 750명을 담당하는 실정으로서 경찰력의 점진적인 증원을 필요로 하고 있다.

그리고 경찰군의 교육기관으로는 경찰대학과 경찰사관학교가 있다.

4) 특수기관

통합군사령부는 독립된 정보기관으로 정보본부(BIA)를 두고 있는데, 국내 치안유지와 정치상황에 능동적으로 대처하는데 있어서 '눈과 귀'의 역할을 수행하고 있다.

인도네시아의 군 정보부대는 1965년의 공산당 쿠테타사건을 한차례 겪은 후에 배후세력을 색출하는 등 오랜 전통을 가지고 있을 뿐 아니라, 특수임무를 수행하는 부대로 잘 알려져 있다.

군 정보조직이 실질적으로 보강된 계기는 1974년에 일어난 대규모의 반일 학생소요사태 이후라고 볼 수 있다. 이 사건을 신속히 수습하기 위해서 당시 주한 인도네시아 대사관에 근무중이던 베니 무르다니(Benny Moerdani) 장군을 급거 본국으로 불러들여 국방성의 정보국차장으로 보임시켰다.
 그 후 얼마 안 있어 베니 장군은 국방성의 정보국장, 질서회복사령부(KOPKAMTIB)의 정보국장과 국가정보기구인 바킨(BAKIN)의 차장직까지 3대 기관의 정보직을 겸직하면서 명실공히 전 정보조직을 한손에 장악하게 되었다. 더욱이 1983년에 와서 베니 장군은 국방성의 정보국장에서 전례없이 통합군사령관으로 승진하게 된다. 그는 통합군사령관이 된 연후에도 정보본부장직은 내놓지 않고 자신이 계속 겸직하면서 정보와 특별한 인연을 갖게 되었으며, 정보기관의 기능은 날로 보강되었다.
 과거부터 인도네시아 군 정보기관은 고유기능과는 별도로 '특수작전'(Operasi Khusus)이라는 명분하에 정치공작 등의 특수임무를 수행해 왔다. 이 작전은 군 정보기관이 주축이 되고 육군특전사령부가 지원해 왔다.
 그 일례로서 1965년에 말레이시아와의 적대관계 해소를 위해 알리 무르토포(Ali Moertopo) 중령(후일 대통령 정치특보 역임) 지휘하에 특수작전이 단행된 적이 있으며, 그 외 이리안 자야, 동 티모르 등지에서도 정치임무로 특수부대가 투입된 사례가 있다.
 그뿐 아니라 1970년대말에는 자카르타, 반둥 지역에서 발생한 학생데모의 주모자들을 대대적으로 검거하기 위한 소위 '번개작전'(Operasi Kilat)을 전개하여 큰 성과를 거두기도 하였다. 최근에 와서는 수도권지역을 중심으로 각종 범죄소탕, 마약류 단속 등 이와 유사한 특수작전을 사회정화 차원에서 이따금씩 실시하고 있다.

그러나 군 정보기관은 시대변화에 부응해 나가지 않으면 안되었다. 1994년에 들어와서 그동안 방대한 조직 운영과 이들의 월권행위 등으로 인해 사회일각으로부터 부정적인 인식이 팽배해지면서 군 정보기관에 대한 대대적인 개편작업이 시작되었다.

이와 관련하여 당시에 탄중 통합군사령관은 군 정보기관이 과거 공산당의 색출을 목적으로 운영되어 왔으나 이들의 직권남용 등으로 오히려 국민들의 원성의 대상이 되어 왔다고 개편 배경에 대해 해명하였다. 이 개편작업에 따라 통합군사령관이 겸직해온 정보본부장직을 겸직에서 완전히 분리하여 정상적인 체제로 운영하게 되었고, 정보본부의 내부조직도 내사, 외사, 보안, 정보 생산, 인사 행정국 등으로 대폭 간소화시켜 새로이 구성하였다.

특히 정보본부에서 국내 정치관련 동향에 대한 수집 업무를 담당하는 내사국과 VIP의 경호지원 업무를 담당하는 보안국은 우리나라의 기무사령부와 유사한 기능을 수행하고 있다고 볼 수 있다.

이러한 조직의 개편은 국내외에서 일고 있는 군 정보기관에 대한 비판적인 시각을 불식시키기 위한 긍정적인 조치로 받아들이면서도 다른 한편으로는 'De-Benny-nisasi', 즉 과거 군정보조직을 오랜기간 장악해온 베니 무르다니 장군의 영향권으로부터 분리시키기 위한 것으로 평가받기도 하였다.

한편, 국가정보기관인 바킨(BAKIN)이 있다. 바킨은 대통령의 직속기관으로서 바킨장은 장관급에 준하는 예우를 받고 있으며 우리나라의 국가안전기획부에 해당된다. 주요 부서로는 해외정보, 국내정보, 정보생산, 기획예산 등으로 구성되어 있다.

통합군사령부의 정보본부가 전국의 육·해·공군 및 경찰의 정보조직망을 이용하여 국내정보활동에 치중하고 있는 반면에 바킨은 기능상으로 보아 해외정보활동에 중점을 두고 있는 것이 특징이다.

3. 인도네시아 군의 이중기능

1) 군이 이중기능을 갖게 된 것은

 군의 기본임무는 평시에 전쟁을 억제하고 전쟁이 발발할 경우에는 이를 승리로 이끌어 국민의 생명과 재산을 보호하는데 있다. 그러나 현대사회에는 군이 기본적인 국방임무뿐 아니라, 민간부분과 다양한 관계를 맺고서 이에 상응한 역할과 기능을 부가적으로 수행하는 것이 일반적 경향이다. 이른바 군의 사회적 역할은 그 나라의 정치적 환경에 따라 다른 성격과 형태를 취하게 마련이다.
 인도네시아 군은 보다 특수한 성격의 두가지 기능을 가지고 있다.
 하나는 군의 통상적인 기본임무인 국방의 기능이며, 또 다른 하나는 정치참여 기능으로서 국가의 정책결정 과정에 군의 참여가 가능하도록 되어 있다. 이 두가지 역할과 기능을 인도네시아 군의 이중기능(Dual Function)이라고 부르고 있다.

인도네시아 군은 이러한 특수한 환경과 여건하에서 국가의 독립과정을 통해 성장해 왔기 때문에 타국의 군대개념과는 다르게 군을 하나의 정치세력으로 인정하고 있는 것이다. 그러므로 군의 이중기능은 국가의 안보뿐 아니라, 국가의 발전과 정치사회분야의 안정을 도모하기 위한 방안으로 풀이되기도 한다.

군의 이중기능의 하나인 정치참여 기능은 정통성과 합법성을 가지고 인도네시아 국민들의 의식속에 뿌리를 내리고 있다고 해도 과언이 아니다. 그럼에도 아직 군의 이중기능이 일반 대중매체들의 논쟁의 대상이 되고 있는 것도 사실이다. 즉 군의 정치참여를 긍정적으로 보고 있는 시각은 이를 충분히 이해 하면서 수용하려는 측면이 있는가 하면, 그 반대측에서는 이를 완전히 거부하려는 입장을 취하고 있는 것이다.

따라서 인도네시아 군의 이중기능은 기원상으로 보아 판짜실라 민주주의이념에서 유래하였으나 이를 비판하고 있는 집단도 적지 않다. 그들은 군의 이중기능을 거부하면서 국방이외의 분야는 민간인의 영역이므로 군이 차지해서는 안된다고 주장하고 있다.

일각에서 군의 이중기능에 대해 거부입장을 보이고 있는 이유를 군부에서는 다음과 같이 분석하고 있다.

첫째, 자유민주주의 제도하에서 군이 국방이외의 분야까

지 차지하는 것은 군국주의적인 발상이라는 것.

둘째, 군인들이 현역 신분으로 민간공직에 다수 진출하여 민간인의 공직진출 기회를 가로막고 있다는 것.

셋째, 이들이 군과 군의 이중기능을 일부 혼동하고 있을 뿐 아니라, 독립투쟁의 역사 그리고 군의 탄생 배경이나 발전과정을 이해하지 못하고 있다는 것이다.

즉 일부 국민들이 군의 이중기능에 대해서 불만을 갖는 것은 그 개념 자체에 반대하기 보다는 시행상의 문제점과 부작용에 기인하는 것으로 인식하고 있으며 이를 개선할 경우에는 상황이 호전될 것이라고 군부에서는 믿고 있다.

이에 따라 군에서는 지금도 군의 이중기능에 대해 대국민 홍보활동을 계속 해오고 있다. 심지어는 인도네시아를 방문하는 외국의 군 고위인사들에게도 군의 이중기능에 대한 당위성을 빼놓치 않고 설명하고 있는 것만 보더라도 인도네시아 군이 취하고 있는 입장을 이해할 수 있다.

이 문제와 관련하여 과거 질서회복사령관을 지낸 바 있고 정치 평론가인 수미트로(Sumitro) 장군도 "군의 이중기능에 대한 개념자체는 타당성이 있다고 본다. 그러나 시행상에 있어서 많은 문제점이 있다"고 지적하고 있는 것을 볼 때 군부의 시각과 일맥상통되는 점을 알 수 있다.

또한 군부에서는 군의 이중기능을 이해하기 위해서는 군인관에 대한 이해가 선행되어야 한다고 말하고 있다.

즉 전통적인 군인관에 의하면 군은 외부의 위협으로부터 국가를 수호하기 위한 국방업무만을 관할하고, 그외 분야는 비 군사요원이 담당한다는 것이다. 반면에 1960년대부터 개발도상국가를 중심으로 대두된 새로운 개념의 군인관에 의하면 국가의 위협 요인이 외부에서 뿐 아니라, 내부로부터도 초래될 수 있으며, 이를 극복하기 위해서는 국가의 잠재역량을 총동원할 필요가 있으므로 국가운영에 있어서 국방과 비 국방 분야를 총체적으로 함께 다루어야 한다는 것이다.

수하르토 대통령은 1970년 10월에 국군의 날 경축사에서 "국민은 군의 이중기능을 우리 자신이 시행하고 있는 정치체제와 우리 민족의 발전사로부터 그 가치를 평가해야 하며, 가치체제가 다른 외국의 객관성이 결여된 시각으로 판단해서는 안된다"고 강조했다.

이와 같이 인도네시아 군의 이중기능이 태동된 것은 민족 투쟁사와 맥을 같이하고 있어 국민들은 군의 존재에, 특히 독립쟁취에 기여한 데 대해 상당한 의미를 부여하고 있어 이를 연계하지 않고서는 이중기능을 이해하기가 어려운 것이 사실이다.

이와 같은 인식은 1957년에 제정된 대통령 자문위원회 법 (7항)과 1958년의 국가기획위원회 법(8항)에 제도적으로 반영되었으며 이때부터 정치사회분야에 있어서 군인이 참여할 수 있는 길이 열리게 되었다. 그후 1982년에 제정된 국가방위법에서도 이러한 내용을 규정하고 있다.

1995년 8월 통합군사령부의 정치사회국장인 하미드(Hamid) 소장은 국민속에서 태동된 군의 이러한 헌신적인 역할을 상기한다면, 군이 국가운영 또는 정부의 정책결정과정에 참여를 보장받는 것은 지극히 당연한 일이라고 그 당위성을 강조한 바 있다.

인도네시아 정치학자인 사림 사이드(Salim Said) 박사도 "군의 이중기능은 독립투쟁과정에서 자연발생적으로 유래된 것"이라고 강조하면서 지난 30년동안 수하르토의 신질서 정부하에서 군은 "국가안정과 발전에 촉진제 역할을 해 왔다"고 말하고 이를 긍정적으로 평가하였다.

2) 정치를 움직이는 군

군의 이중기능으로서 정치참여를 허용하는 법적인 근거는 1982년에 제정된 국가방위법(제20항)에 명시되어 있다.

첫째, 군은 정치사회세력의 하나로 국민의 자유와 번영을 위하여 여타 사회집단과 함께 안정유지의 사명을 다한다.

둘째, 이러한 기능을 수행함에 있어 군은 국가와 정부의 정책결정 과정에 참여하여 국가발전을 지원하며, 판짜실라 민주주의와 '45년 헌법'에 따라 사회발전을 지원한다.

나아가 군의 이중기능을 시행하는데 있어서 국민에 대한

몇가지의 원칙을 정해놓고 있다.

첫째, 군은 민주주의 정신에 따라 국민의 여망을 충족시켜야 한다.

둘째, 군은 국민과 항상 혼연일체가 되어야 한다.

셋째, 국민을 위한 것이 바로 군을 위한 것이므로 국민의 입장에서 모든 해결책을 모색한다.

넷째, 군은 국민의 생활여건에 맞추어서 생활한다.

현역 신분의 군인이 정치사회활동에 직접 참여하고 있는 분야는 국회의원, 장차관, 주지사, 시장, 군수 등의 공직이 대부분이며, 기타 대사 등으로 기용되는 경우도 많다.

군의 공직진출 현황

(1995년 1월 현재)

구 분	육 군	해 군	공 군	경 찰	계
국회의원	58	17	20	13	108
장 관	5		1	-	6
차 관	9	2	-	-	11
감찰관	12	2	-	-	14
차관보	7	3	2	-	12
주지사	13	-	-	-	13
부지사	18	-	-	-	18
군 수	114	-	-	-	114
시 장	16	1	-	-	17
대 사	6	3	3	1	13
계	258	28	26	14	326

※ 자료 : 통합군사령부

그중에서도 현역 군인이 가장 많이 진출하고 있는 분야는 국회의원직이다. 총 500명의 국회의원 중에서 군대표

의원은 100명(1997년 이후 부터는 75명) 으로 되어 있어 인도네시아 군의 정치적인 위세를 짐작할 수 있게 한다. 국회내 군대표의원은 대령에서 중장급까지 계급별로 다양하게 선임되고 있으며 군내에서도 대단히 인기있는 보직으로 알려져 치열한 경쟁이 벌어지고 있다.

주지사는 지역사령관직을 끝낸 군 인사중에서 연고지를 고려하여 주의회로부터 건의형식으로 임용되는 경우가 많은 편이다.

최근의 통계자료에 의하면 전국의 27개 주지사 가운데 절반 이상이 현역 군인 내지 군 출신 인사로 채워져 있다. 주지사는 대부분 소장급에서, 시장과 군수 등은 대령급에서 선발이 되며, 임기는 5년이다. 현역 군인의 신분으로 일단 행정부처로 전출이 되면 군 정년이 해당되더라도 잔여임기를 채울 수 있도록 되어 있다.

현역 군인의 공직진출 추세를 보면, 해를 거듭 할수록 그 숫자가 감소되는 경향이 있다. 이는 군부의 정치적 위상변화에 기인하기 보다는 군의 공직진출에 대한 사회일각의 비판적인 시각과 정치민주화의 요구에 부응하기 위한 조치로 보여진다.

이 문제에 대해 통합군사령관인 탄중(Tanjung) 대장은 "1960년대 후반 신질서 정부의 출범 초기에는 군의 역할과 영향력이 대단히 두드러졌으나 시대적인 상황변화에 따라 그

역할이 조정되는 것은 당연한 현상"이라고 피력한 바 있다.

특히 1992년에 실시된 총선결과에서 보듯이 야당인 인도네시아 민주당(PDI)과 통일개발당(PPP)의 확보의석이 모두 합쳐서 100석에도 못미치고 있었으나 군부에 대해서는 자동적으로 100석이라는 숫자가 할애되고 있는 것에 대해 불공정시비가 공개적으로 제기되었다. 이를 의식한 정부에서는 1997년 총선때 부터는 군부에 할당된 의석수를 100석에서 75석으로 축소시키기로 결정하였다.

국회(DPR)내 군부 의석의 변화

연 도	국회의원 정원	군대표 의원	비 율
1960	283명	35명	12%
1966.2	283명	36명	12%
1966.8	242명	39명	16%
1967	350명	43명	12%
1968	414명	75명	18%
1971	460명	75명	16.3%
1987	500명	100명	20%

※ 자료 : GATRA지(1995.5.6)

과거의 추세를 보면 5년마다 실시되는 총선거에서 인구증가에 따라 전체 의석수가 늘어나는 비율로 군부에 할당된 의석수도 자연히 늘어났다. 이 같은 상황에서 앞으로 군부의 의석수를 종전 보다도 축소하기로 한 것은 양보다는 오히려 질적인 문제로서 중요한 의미를 갖고 있으나, 정치적 현실에서 군부위상에 대한 실질적인 변화는 없을 것으로 분석되고 있다.

결국 인도네시아는 정치체제가 군의 이중기능을 허용함으로써 현역신분의 군인이 국회나 행정부 그리고 민간기관 등에서 일하고 있어 '군과 민'의 조화속에서 군사문화가 사회전반에 자연스럽게 스며들고 있는 나라이다.
　이는 인도네시아 군에서만 볼 수 있는 특이한 현상이지만, 최근에 와서 미얀마에서도 인도네시아 군의 이중기능에 대해 특별히 관심을 갖고 이 제도를 도입하고자 노력하는 것으로 보여 주목되고 있다.

3) 군의 정치참여에 대한 인식

　인도네시아가 독립을 이룩한지 50년이 경과한 이 시점에서도 군의 정치참여와 역할에 대한 일반적인 인식은 국가의 안정을 위한 보장책으로서 여전히 필요한 것으로 평가되고 있다.
　그러나 최근에 와서 군의 정치참여 문제가 논란과 비판의 대상이 되면서 두가지 상반된 시각이 대두되고 있는데, 하나는 군의 정치참여 기능에 대해 긍정적으로 평가하는 측면과, 다른 하나는 민주화 추세에 따라서 군은 본연의 임무로 되돌아가야 한다는 소위 'Back to Basic'의 시각이다. 전자의 경우가 지속적인 경제성장을 위해서는 정치적인 안정이 우선이라고 보는 관점이라면, 후자는 군은 중립을 유지하면서 정치적인 영향력으로 부터 배제되어야 한다는 것이다.

1995년 8월에 시사주간지 GATRA와 정책개발 연구소에서는 전국 12개 도시의 1,400명을 대상으로 군의 정치참여 문제에 대해 설문조사를 실시한 바 있다. 그 결과는 군의 정치참여에 대해 응답자의 44%만이 긍정적인 반응을 보인 반면에 절반이상(54%)이 부정적인 견해를 지닌 것으로 나타났다. 가자마다 대학의 아말(Amal) 교수는 군의 정치참여에 대한 긍정적인 응답자는 군의 역사적인 배경과 국민의 군대로서 독특한 역할에 대해 잘 인식하고 있기 때문이라고 설명하고 있다.

군의 정치참여에 대한 설문결과

구 분	응답자수	비 율(%)
정치참여에 반대	753	54
정치참여에 찬성	619	44

※ 자료 : GATRA지(1995.8.19)

그러나 군이 정치적인 영향력을 발휘하는 데 대해서는 대체로 회의적인 시각이 많으며 태국이나 필리핀 등 주변국가의 예에서 보듯이 언젠가는 학생, 노동자와 지식인 등으로부터 더욱 조직적인 반발을 받을 것으로 우려하는 사람이 많다. 더욱이 정치민주화에 대한 이들의 거센 요구는 정부로 하여금 군의 정치참여를 축소시키는 일련의 조치를 취하도록 할 가능성도 있다는 것이다.

정부요직의 하나인 집권당의 의장직이나 국영석유회사의 사장직을 그동안 군출신 인사가 줄곧 차지해 왔으나, 최근에 들어 순수 민간출신으로 바뀌고 있는 것도 이 같은 인식과 시대적인 변화추세를 반영하고 있다.

1968년의 1차 개발내각 출범이후부터 1993년의 6차 개발 내각까지 장관급 인사에 대한 군 출신의 임명비율을 비교해 볼 때 시기에 따라 다소 차이가 있지만, 전반적으로 감소 추세를 나타내고 있음을 알 수 있다.

군출신 장관급 임용추세

연 도	전체 장관수	임용된 군출신수	비율(%)
1968년 내각	23	8	34
1973년 내각	25	6	24
1978년 내각	33	15	45
1983년 내각	40	17	42
1988년 내각	41	14	34
1993년 내각	42	10	24

※ 자료 : Kompas지(1995.5.4)

그리고 주지사와 대사급 인사에 대한 군 출신의 임용 추세도 과거에 비해 현저하게 감소되고 있음을 아래 도표에서 확인할 수 있다.

군 출신의 정부요직 임명 추세

구 분	1973년 내각	1995년 내각
주지사	70%	40%(27명 중 11명)
대 사	44.4%	17%(77명 중 13명)

※ 자료 : GATRA지(1995.5.6)

이러한 추세에도 불구하고 군부에서는 판짜실라 이념에

근거한 현 정치체제에 대한 비판적인 시각에 대해서는 단호하게 대처할 것이라고 재삼 천명하고 있다. 이러한 사례는 정부의 문민화 제스쳐에도 불구하고, 군의 이중기능 수호를 위한 확고한 의지로서 군부의 정치적 위상에 대한 고수입장을 밝힌 것으로 분석되고 있다.

4) 군의 정치참여는 언제까지

수하르토 이후 어떤 체제가 등장하던간에 정치에 대한 군의 영향력은 향후 20년은 지속될 것이라고 인도네시아 국방대학원 부원장 유워노(Joewono)교수는 전망하고 있다. 이 전망의 근거는 군부가 결집된 힘을 가진 유일한 집단이라는 측면도 있지만, 아직 마땅한 대체세력이 존재하지 않는데도 기인한다. 관료조직의 경우는 성격상으로 보아 대체세력으로 등장하기 어려운 실정인 데다가 정치세력으로서의 야당이나 민간 정치집단은 자생력을 갖추지 못하고 있으며, 여론을 주도하고 있는 중산층의 등장도 아직 요원하기 때문이다. 더욱이 정부에서는 3개 정당만을 제한된 조건으로 허용하고 있고, 학생과 노동자 조직마저 정부의 통제하에서 활동의 제약을 받고 있는 실정이다.

혹자는 태국과 비교하여 태국의 정부관료들은 어느 정도 군부에 영향력을 미치고 있으나, 인도네시아의 400만 정부관료들은 군부의 견제세력이 되지 못하고 있다고 얘기하고 있다. 그 이유로 인도네시아 민간관료들의 리더십 결여와 집권당과의 밀착은 물론 태국의 경우와는 달리 경찰이 국방성산하에 소속되어 있다는 점을 들고 있다.

군의 정치참여에 대한 인식은 소득이나 지적수준 또는 소속 계층에 따라 다르게 나타나고 있다. 이에 대해 유워노 부원장은 "전체 국민의 70%를 상회하고 있는 농촌계층에서는 종족이나 종교간 화합을 보장할만한 어떤 대체세력을 기대할 수 없는 상황이므로 군의 이중기능이 존속되기를 바라고 있다. 상대적으로 군의 정치참여에 비판적인 계층은 중산층으로 볼 수 있으나, 그 숫자가 전체인구의 10% 미만인 약 1,400만명에 불과할 뿐 아니라, 조직화 되어있지 않아 군부에 대항할 수 없는 실정으로 정치세력으로서의 중산층의 등장시기는 2010년경이나, 아니면 2015년 이후에나 가능할 것으로 예상된다"고 분석한 바 있다.

일부에서는 군의 이중기능이 언제까지 지속될 것인지에 대해 조급하게 생각하기 보다는 자연스럽게 사라질 때까지 내버려 두는 것이 상책이라고 말하는 사람도 적지 않다.

1995년 8월 통합군사령부의 정치사회국장인 하미드(Hamid) 소장은 군의 정치사회적 역할에 대한 기고를 통해서 "앞으로 군이 정치참여에 대한 역할을 지속적으로 유지할 것이냐, 아니면 민주화의 촉진을 위해 그 역할을 축소하느냐 하는 딜레마에 직면하게 될 것이다"라고 우려를 표시하고, "군은 항상 군의 정치사회적 역할에 대한 연구와 평가를 통하여 현상유지에 안주하지 않는 역동적인 의미의 국가 안정을 항시 보장할 수 있어야 한다"며 "앞으로 군 지도자들은 국민의 여망에 더욱 수용적인 자세로 부응하기 위해 국민과의 대화능력을 갖추고 군은 정치사회 집단으로서의 지식과 경험을 필요로 한다"면서 "이것이 바로 인도네시아 군이 장차 직면하게 될 중대한 도전이 되고 있다"고 지적하였다.

이러한 지적과 같은 맥락에서 1997년 2월 25일자 Jakarta Post지의 보도는 특히 관심을 끈다. 이에 따르면 최근 국립 인도네시아 과학원(LIPI)에서도 "인도네시아 군은 민주화를 위해서 정치적 역할을 축소해 나가야 하며 군 인사의 공직진출도 줄여나가야 한다"는 정치 개혁 방안을 정부에 제시하였다는 것이다.

근래에 세계전역, 그중에서도 아시아 지역에서 하나의 유행처럼 번지고 있는 민주화추세는 인도네시아라고 해서 더 이상 예외가 될 수 없을 것이며, 특히 인도네시아에서의 정치적인 불안정은 장래의 국가통합까지도 위협할 수 있는 불안 요소가 아닐 수 없다. 과거에 경험치 못한 이러한 문제들에 직면하고 있는 인도네시아 군은 어느때 보다도 어려운 시기에 처해 있다고 볼 수 있다.

수많은 섬과 종족 그리고 다양한 문화가 공존하고 있는 인도네시아가 지금에 이르기까지 하나의 단일 국가로 통일을 이룩하고 있는 데 대해 인도네시아 국민들은 대단한 자부심을 갖고 있다.

이 같은 현실에서 군이 정치민주화로 인해 그 영향력과 통제력을 잃게 될 경우에 인도네시아의 장래가 어떻게 될 것인지는 매우 불확실하다. 특히, 작금의 구소련의 붕괴와 구유고 연방의 분할로 인한 민족간 대립과 내전사태는 인도네시아에 시사하는 바가 크다.

이와 같은 내용을 종합해 볼때, 인도네시아가 궁극적으로 지향해야 할 것은 '국가의 정치적 통일'이다.

즉, 국가가 통일되지 못한 상황에서 종족간의 화합이나 진정한 의미의 경제발전은 이루어질 수도 없거니와 무의미하기 때문이다.

따라서 앞으로 상당기간 동안 군부는 이중기능을 바탕으로 국방과 더불어 국가의 정치적 화합을 담당해 나가야 될 것으로 본다.

한편 인도네시아가 지속적인 경제성장을 유지하기 위해서는 앞으로 5년내지 10년간이 매우 중요한 시기가 될 것이며, 따라서 언제 닥쳐올지 모르는 정치 사회적 불안정에 대비할 수 있는 능력을 미리부터 갖추는 것이 인도네시아 군이 당면하고 있는 시급한 과제가 아닐 수 없다.

4. 인도네시아 군의 대내외 활동

1) 인접국과의 활발한 군사교류

1967년 결성된 아세안(ASEAN)의 기본정신은 비동맹 중립을 표방하면서 경제적으로는 회원국간 협력체제를 강화하는 것이다.

인도네시아는 아세안의 주도국가로서 회원국간 결속을 다지고, 지역내 안정유지를 위한 외교적인 역할 증대에 노력하여 왔다.

군사적으로는 아세안 회원국들간의 안보협력을 통한 상호 신뢰구축을 목적으로 말레이시아, 싱가폴, 태국 등 회원국들과 쌍무적인 방식의 합동군사훈련을 수시로 실시해오고 있다.

최근에 와서는 역내국가간의 다자간 안보대화에 대한 인식이 점차 증대되면서 아세안을 중심으로 '아세안 지역포럼'(ASEAN Regional Forum)이 결성되어 범지역적인 안보협력을 위한 대화 노력이 진행되고 있다.

말레이시아와는 칼리만탄 지역에서 국경선을 맞대고 있어 매년 정례적으로 국경회담(General Border Committee) 등을 개최하고 있고, 육·해·공군간의 합동군사훈련도 정기적으로 실시하여 우호협력관계를 증진시켜 나가고 있다. 특히 말레이시아와는 리기탄(Ligitan)과 시파단(Sipadan) 섬의 영유권문제로 분쟁요인이 상존하고 있지만, 양국은 친선우호관계가 저해되지 않도록 외교적인 방법을 통해 이 문제를 해결한다는 입장을 취하고 있다.

싱가폴과는 상호 군사훈련을 통해 안보협력을 증진시켜 나가는 한편, 싱가폴 공군과 공동으로 수마트라 지역에 공군훈련장을 건설하여 합동훈련도 주기적으로 실시하고 있다.

최근에 들어와 싱가폴은 미 해군함정의 정비기지로서 역할이 증대되고 말라카 해협의 해상교통량 증가에 따라 항해상의 안전관리와 해상환경문제 등에 대한 해결을 위해서 인도네시아와 공동으로 노력하고 있다.

태국은 안보분야의 협력에 있어서 인도네시아와 가장 우호적인 관계를 유지하고 있는 가운데 양국 군부간의 상호교류가 긴밀하게 이루어지고 있다.

필리핀과는 1996년에 남부 민다나오의 이슬람 자치권 문제를 해결하기 위해 아세안 정신에 따라서 이해 당사자간의 평화회담을 주선하여 큰 성과를 거둔 바 있다.

호주와는 인접국가로서 가까운 이웃이었으나 한때는 호

주가 인도네시아 국내문제에 개입함으로써 소원한 관계를 가진 적도 있었다. 그러나 호주는 아세안 지역국가들과 우호증진을 위해 노력하면서 인도네시아와 새로운 협력의 장을 열어가고 있다. 특히 지난 1995년 12월에 체결된 양국간 안보협력 협정은 상호간 잠재적인 위협세력으로서의 의혹을 해소시킬 수 있는 계기가 되었다.

1995년도 인도네시아 국방백서에서는 중국이 새로운 위협세력으로 대두되고 있다고 경고하였다. 즉 "중국이 매년 12%에 달하는 고도 경제성장으로 정치, 경제적으로는 물론, 군사 강대국으로서 이 지역에 있어 최대 위협세력이 되고 있으며 1992년에 남지나해에 위치한 스프레트리(Spratly)와 파라셀(Paracel) 섬의 영유권을 주장하며 군사적인 충돌 가능성마저 보이고 있어 지역안정에 큰 장애요소가 되고 있다"고 지적하였다.

아세안 국가들은 남지나해의 주요 도서에 대한 중국의 야심에 경계심을 갖고, 공동으로 대처하려는 움직임도 보이고 있다. 1995년말에 체결된 인도네시아와 호주간 안보협정도 바로 이러한 맥락에서 이루어진 것으로 분석되고 있다.

2) 유엔 평화유지군, 가루다(Garuda) 부대

유엔 평화유지군은 유엔의 지휘하에 인도적 차원에서 분

쟁 지역에 파견되어 분쟁의 확대방지와 평화정착을 위해 각종 구호 활동을 지원하고 있는 부대를 말한다. 우리나라에서 1993년에 소말리아, 서부 사하라 및 앙골라 등에 공병부대와 의료 지원단을 파견한 것도 유엔 평화유지군의 일원으로 참여했던 것이다.

인도네시아 군도 유엔 평화유지군의 일원으로 세계도처에서 활동하고 있다. 이를 '가루다(Garuda) 부대'라고 부른다.

'가루다 부대'는 유엔의 요청에 따라 1957년에 처음으로 이집트에 파병된 이래 현재까지 40여 차례에 걸쳐 세계 분쟁 지역의 평화유지활동에 참여하여 인도네시아 군의 위용을 국내외에 높여 나가고 있다.

▲ 평화유지군 가루다 부대원을 격려하고 있는 탄중 통합군사령관

유엔 평화유지군 파견 현황

파병연도	파병국가	파병횟수
1957	이집트	1
1960-63	콩 고	2
1973-74	베트남	2
〃	중 동	1
1974-75	베트남	1
1974-79	중 동	9
1988-90	이란/이락	3
1989-90	나미비아	1
1992-95	이락/쿠웨이트	5
1992-93	캄보디아	5
1992	소말리아	1
1993-95	보스니아	7
1994	필리핀	1
1994	모잠비크	1
1994	그루지아	1
	14개국	41회

※ 자료 : 국방성(1995년 7월 현재)

1957년 10월에 이스라엘의 이집트 침공으로 전쟁이 발발하게 되자 유엔에서는 이스라엘 군의 시나이반도 철수를 결의하고, 그 철수작업을 유엔군으로 하여금 감시토록 했다. 인도네시아는 이때 유엔군으로 참가한 10개 국가중의 한 나라로 '가루다 부대'를 처녀 파견하여 그 임무를 수행케 하였다.

'가루다 부대'가 이집트에서 거둔 성과는 국제적인 신뢰를 받게되어 그후 계속 세계도처의 분쟁지역에 평화유지군으로 참여할 수 있는 계기가 되었다.

인도네시아 정부가 파견한 '가루다 부대'는 의료단, 군사감시단, 민정경찰 등의 다양한 임무를 띄고 있으며, 규모도 여단급에서부터 대대급 또는 10명 이하의 소그룹에 이르기까지 다양하다. 파견지역도 중동, 아프리카, 아시아, 유럽 등 여러 나라가 대상이 되었다.

지난 1957년부터 1995년까지 '가루다 부대'가 파견되어 활동했던 나라는 14개국으로서 파병횟수로는 41회에 이르고 있어 유엔 평화유지군으로서의 국제적인 기여도를 짐작케 하고 있다. 이러한 평화유지군의 활동은 다른 일면으로는 인도네시아가 비동맹권에서 강력한 영향력을 발휘할 수 있는 발판이 되고 있는 것이다.

3) 새마을 운동에 참여하고 있는 군

어느 국가를 막론하고 군은 기본임무에 충실하면서 군, 민 협력활동을 성실히 수행함으로써 국민들로부터 신뢰와 사랑을 받는 군대가 되기 위해 노력하고 있는 것이 사실이다. 예컨대, 군이 보유한 인력과 장비를 동원하여 각종 재해, 재난에 대한 복구활동 등을 지원하고 있는데 인도네시아 군도 예외는 아니다.

인도네시아 군(ABRI)의 대민지원활동을 약자로 'AMD' (ABRI Masuk Desa) 운동이라고 한다. 이 AMD 운동의 목적은 농촌지역의 저소득층으로 하여금 빈곤을 극복하고 건전한 생활환경을 만들수 있도록 지원하기 위한 것으로서 우리나라의 '새마을 운동'과 유사하다고 볼 수 있다.

인도네시아 군은 역사적으로 독립쟁취 과정에서부터 국민들과 함께 호흡하며 성장해온 국민의 군대라는 특별한 유대감을 갖고 있다. 군이 농촌지역에서 도로를 만들고, 교량건설, 관개시설 등 대민봉사활동을 적극 전개하고 있는 것도 이러한 연유에 기인한다. 이 운동은 군과 국민간의 유대증진과 지역사회의 발전에도 크게 기여하고 있어 좋은 반응을 얻고 있다.

1978년 4월에 수하르토 대통령은 국방성장관 이취임식에서 AMD 운동의 필요성에 대해 "개발도상국에서 국력의 열쇠는 군과 민의 단합에 있으며 국가발전을 이룩하기 위하여는 건설현장에 군이 참여해야 한다."며 "군이 참여해야 할 건설현장은 국민의 80% 이상이 거주하고 있고 국가발전의 근원이 되는 농촌지역으로서 군의 대민지원활동은 농촌개발과 번영을 촉진시킬 것"이라고 강조하였다.

이 운동은 군을 직접 농촌지역에 투입하여 농촌주민들에 대한 봉사와 협력정신을 배양하고 지역발전에 기여토록 함으로써 '군과 민'의 협조관계를 증진시키는 효과도 기대되어 정부차원에서 이 운동을 적극적으로 권장하고 있다.

그뿐 아니라, 지진이나 홍수해 등 천재지변으로 농촌주민

▲ 군의 대민봉사활동 모습

들이 어려움을 겪고 있을때 군 부대가 동원이 되어 대민지원활동을 전개하고 있는 것도 쉽게 목격되고 있다.

한편, 군에서는 1995년에 불법무기류 소지자, 깡패와 마약 조직 등 사회불안요인이 도시지역을 중심으로 급증하게 되자, 사회정화차원에서 소탕작전을 대대적으로 실시하여 큰 성과를 거두기도 하였다. 이러한 대민작전은 얼핏 군의 월권행위로도 볼 수 있으나, 어디까지나 정부차원의 '사회질서 운동'(GDN =Gerakan Disiplin Nasional)을 지원하기 위해 군이 앞장서서 추진하고 있는 것으로 이해되고 있다.

4) 대민활동을 전담하는 '코담'(KODAM) 사령부

일반적으로 인도네시아 군에 대한 인식은 '군'이 '민'을 이끌어 나가는 위치에 있기 때문에 얼핏보면 군 우위의 현상이 두드러져 보인다. 현행 정치제도상으로도 행정부서장으로 현역 군인이 임명되고 있어 군의 상대적인 우월감이 더해지고 있다고 생각된다.

인도네시아 군의 특수한 기능의 하나로서 지역방위임무(Territorial mission)와 정치사회분야와 관련된 대민업무를 수행하고 있는 부대가 있다.

이 부대가 바로 육군지역(관구)사령부로서 이를 통상적으로 '코담'(KODAM) 이라고 부른다.

'코담' 사령부는 작전계통으로는 통합군사령부의 지휘를 받고 있지만, 실제적으로는 육군의 주력부대역할을 하고 있는 부대다. 이 부대는 소장급이 지휘하고 있는 사단급에 준하는 부대로서 자바섬에 4개를 포함하여 전국적으로 10개 '코담' 사령부가 분산 배치되어 있다.

이 '코담'은 여타부대와는 달리 자체 전투력을 이용하여 지역방위임무를 수행하면서, 지방의 정치사회분야 발전을 위해 주, 시, 군 등 각급 행정기관과 긴밀한 협조관계를 유지하고 있다.

지방행정단위에는 주지사의 자문기관 역할을 하고 있는 지방지도자 협의회(MUSPIDA=Musyawarah Pimpinan Daerah)가 구성되어 있는데, 이 협의회에는 주지사가 의장이 되며 지역의 육군지역사령관, 경찰지역사령관, 지방검찰청장 등이 위원으로 참여하고 있다.

군과 행정기관과의 관계

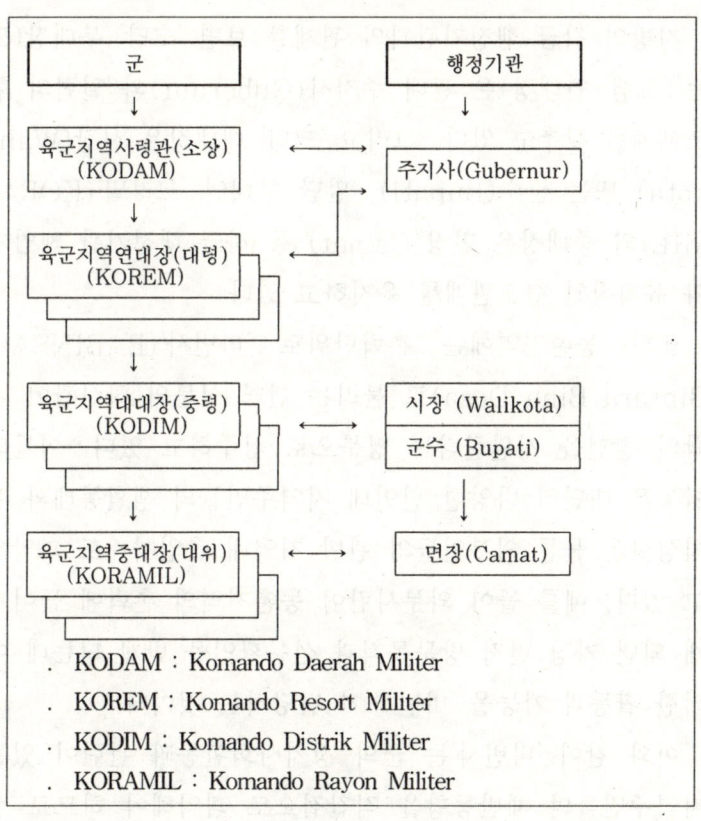

이는 우리나라의 관·군·민 방위협의회와 유사한 성격을 갖고 있으나 더욱 제도화된 형태라고 볼 수 있다.

주로 지역방위 임무를 수행하고 있는 '코담' 사령부 예하에는 지역연대인 3~5개의 '코렘'(KOREM)이 있다. '코렘'은 다시 3~4개 지역대대인 '코딤'(KODIM)으로, '코딤'은 3~4개 지역 중대인 '코라밀'(KORAMIL)로 나뉘어진다.

지방의 각급 행정기관과의 관계를 보면 '코담' 부대장(또는 '코렘' 연대장)은 관내 주지사(Gubernur)와 일련의 협조체제를 갖추고 있다. 그리고 '코딤' 대대장은 시장(Walikota) 또는 군수(Bupati), 말단 부대인 '코라밀'(KORAMIL)의 중대장은 면장(Camat) 등 하급 행정기관 책임자와 유기적인 협조관계를 유지하고 있다.

또한 농촌지역에는 촌락단위로 '바빈사'(BABINSA= Bintara Bina Desa)로 불리는 현역 신분의 하사관이 촌락의 발전을 지원한다는 명분으로 상주하고 있다. 이들의 활동은 대단히 다양한 편인데 지역주민들의 생활동태와 정치성향은 물론 외부인들의 관할 지역내 출입까지도 파악하고 있다. 예를 들어 외부사람이 농촌지역의 촌락에 들어가게 되면 가장 먼저 방문목적과 신분확인을 받게 되는데 이러한 활동과 기능을 '바빈사'가 담당하는 것이다.

이와 같이 '바빈사'는 군의 정치사회활동과 관련이 있는 지역주민들의 제반동향을 직간접으로 파악해야 하므로 선거철이 다가오면 이들의 발걸음은 더욱 바빠지게 마련이다.

5) 군이 운영하는 기업

군이 기업체를 운영하고 있다고 하면 모두 의아스럽게 생각할지 모른다. 그러나 인도네시아의 육·해·공군 및 경찰군사령부 산하에는 군 협동조합(Induk Koperasi)이 조직되어 20여개 이상의 기업체를 운영하고 있는데, 기업체에 따라 상이하지만 군이 30-50%의 지분을 보유하고서 기업 경영에 직간접으로 참여하고 있으며, 이에 대한 이익금은 군의 복지 기금으로 사용되고 있다.

이러한 군의 복지를 위한 지원재단으로서 군 협동조합은 1971년에 수하르토 대통령의 재가를 받아 공식적으로 발족되었다.

육군 산하의 '카르티카 엑카 팍시'(Kartika Eka Paksi) 재단에서 운영중인 대표적인 기업으로서는 칼리만탄 지역에서 28만헥타에 이르는 산림개발사업을 추진중인 PT. ITCI 사와 국내유수의 민간항공사인 셈파티 항공사(Sempati Air)를 들수 있다.

해군은 '부미암짜'(Bhumyamca) 재단을 설립하여, 해상운송업과 해상 통신사업을, 공군의 '아디 우파야'(Adi Upaya) 재단은 항공기와 관련된 사업을, 경찰군의 '브라타 박티'

(Brata Bhakti) 재단에서는 차량 등록 및 면허와 관련된 사업을 자체적으로 운영하고 있다.

전문분야가 아닌 기업경영에 군이 어떻게 참여할 수 있는지 의문이 들 수 있으나, 군의 기업경영은 독립 이전인 1940년대 부터 시작된 것으로서 오랜 역사를 가지고 있다. 당시에 군 병력을 관리, 유지하기 위하여는 부대 자체에서 운영자금을 조달하지 않으면 안되었다. 특히 1950년대에는 네덜란드 정부 소유의 기업들이 대거 인도네시아 정부로 귀속처리되었는데 이러한 기업을 운영할 수 있는 기관이 당시에는 군 조직 밖에 없었으므로 군의 기업운영은 이때부터 시작이 되었다고 육군사령관을 지낸 나수치온(Nasution) 장군이 밝힌 바 있다.

이들중 규모나 관리면에서 가장 성공적인 것은 육군 산하의 협동조합(Inkopad)이 운영하는 트루바(PT. Truba)사이다. 이 기업은 산하에 41개의 자회사를 가지고 있으며 은행, 직물, 산림개발 등 여러분야에 참여하고 있다.

1995년 10월 1일자 Jakarta Post지는 "군에서 운영권을 가지고 있는 이들 기업의 대부분은 전문적인 경영기술의 부족으로 중국계의 재벌인 림소롱(Liem Sioe Liong) 계열이나 수하르토 자녀 소유의 국내 재벌기업들과 제휴를 통해 운영하고 있는 것이 특징"이라고 지적하였다.

육군에서 51%의 주식을 갖고 있는 산림개발분야의 PT.

군이 운용중인 기업

군별	육군	공군	해군	경찰군
재단	Kartika Eka Paksi	Adi Upaya	Bhumyamca	Brata Bhakti
기업	PT. ICTI (산림개발)	PT. Padang Golf Halim	PT. Admiral Line	PT. Tansa Trisna
	PT. Sempati Air	PT. Angkasa Puri	PT. Yala Trada	PT. Bhara Induk
	PT. Bank Artha Graha	PT. Bank Angkasa	PT. KGA	PT. Braja Tama
	PT. Saksi Sakti	PT. Green Delta	PT. Bank Bahari	PT. Braja Tara
	PT. Truba Sadaya Industri	PT. Dirgantara Husada	PT. ATMI	PT. Bhara Union
	PT. Truba Gatra	PT. Konstruksi Dirgantara	PT. Yala Gada	PT. Bhara Union
	PT. Sumber Mas Timber 등	PT. Dirgantara Air Service 등	PT. Sri Sila Laut 등	PT. Sapta Pirsa Mandiri 등
	26개	18개	15개	7개

자료 : Infobank (1992년 11월)

ITCI사의 경우를 보면 수하르토의 2남인 밤방(Bambang)이 소유주로 되어 있는 비만따라(Bimantara) 그룹과 국내 합판업계의 대부로 알려진 봅 하산(Bob Hassan)이 공동으로 참여하고 있다. 이 회사는 산림개발 사업을 통해 1994년 한해동안에 2,000억 Rp(약 1억 달러)의 순익을 기록할 만큼 대단히 탄탄한 회사로 알려져 있다.

섬파티(Sempati) 항공사는 수하르토의 3남인 후또모

(Hutomo)와 봅 하산의 공동 참여하에 육군의 계열사인 트루바가 40% 주식을 가지고 있으며, 1989년에 설립된 금융회사인 PT. Bank Artha Graha사는 육군 산하재단에서 40%의 주식을 보유하고 있다.

인도네시아 재벌들 특히 중국계 화교재벌들이 3분의 1 이상의 많은 주식을 배분하면서까지 육군과의 공동사업을 선호하고 있는 것은 육군이라는 조직이 정부의 가장 영향력이 있는 단체인데다가 정권교체에 따른 위험부담이 없는 가장 안전한 기업파트너로 인정하고 있는 것이 아닌가 싶다.

인도네시아 군은 제한된 국가예산만으로는 운영이 어렵기 때문에 군이 기업활동을 통해서 필요한 재원을 조달하고 있으며, 이는 오랜 전통으로 이미 보편화되어 있는 사실로 이해해야 된다.

군과 민간기업의 유착현상은 군의 청렴한 기풍을 저해할 우려마저 있기 때문에 에디(Edi) 국방성장관은 인도네시아 군이 이제는 중국계 화교 재벌들의 보호자 역할에서 벗어나야 하며, 재벌들을 감싸주기 위한 도구로 이용되어서도 안된다고 강조하고 있다.

그러나 인도네시아 군이 정치사회분야 뿐 아니라, 경제분야에까지 깊이 관여하고 있어 군이 순수한 안보집단인지 아니면 비즈니스집단인지 혼란스러운 점도 없지 않은 것이 사실이다.

6. 수하르토의 신질서(New Order)의 등장

1. 수하르토 장군의 등장

1) 공산당 준동과 정국 혼란

인도네시아는 1945년 8월에 일본으로부터의 독립선언과 함께 판짜실라를 국가이념으로 하는 신생 독립국으로서 인도네시아 공화국 정부가 탄생하였다.

독립 이후, 인도네시아 공산당(PKI=Partai Komunis Indonesia)에 의한 정부요인 납치와 테러 행위로 치안 상태가 걷잡을 수 없을 만큼 흔들리기 시작하여 정치적 혼란이 야기되었다.

그중에서도 1946년에 찌레본(Cirebon) 지역에서는 공산당원이 정부군의 무장을 해제시키는 사태가 발생하는 등 정부의 공권력을 마비시켰으며, 공장의 근로자들을 부추켜 임금인상요구와 동맹파업을 조장하기까지 이르게 되어 경제사정도 악화일로에 있었다.

1948년에 중부 자바의 마디운(Madiun)에서는 정부가 네덜란드의 재침략을 저지하는데 정신을 쏟고 있는 동안 공산당에 의한 사상최대 규모의 무장봉기가 발생하여 정부관리와 주민들이 공산당에 의해 학살되는 사건까지 일어났다. 이와 같이 자바섬 전체가 점차 공산세력에 의한 소요와 폭동으로 휩싸이게 되자, 정부는 위기감에 직면하게 되었다.

마침내 공산당 세력이 '인도네시아 공화국' 정부마저 전면 부인하고, 핵심 공산주의자인 무쏘(Musso)를 중심으로 '소비에트·자바공화국' 수립을 선포하기에 이르자, 수카르노 대통령은 "자신과 무쏘 중에서 택일하라"고 국민들에게 호소하기도 하였다.

나아가, 공산당은 1955년의 총선거를 겨냥하여 도시 근로자와 농민들을 주축으로 자체 동조세력을 확장하여 본격적인 대정부투쟁을 시작하였다. 그들은 국시인 판짜실라와 '45년 헌법'을 부정하면서 이슬람국가를 건설한다는 명분을 앞세우고 무장조직을 강화해 나갔다.

공산당 중앙위원회 위원장인 아이딧(D. N. Aidit)은 '1948년의 마디운 봉기를 기억하자'는 선동적인 성명서를 발표하여 국민들의 지지를 호소하였으나 성과를 거두지 못하였다. 그러나 그는 초기의 부진을 딛고 수카르노의 지원을 받으면서 북경과의 역학관계를 십분 활용하여 인도네시아 공산당을 비 공산권 국가에서는 가장 큰 공산당으로 육성시켰다. 그러나 후일 아이딧은 9·30 사건의 주모자로 체포되어 1965년 10월 22일에 처형되었다.

공산당의 폭동이 난무한 가운데 정당간의 첨예한 대립으로 치루어진 1955년의 총선결과는 국내정국을 더욱 불안하게 만들어갔다. 게다가 계속되는 농정의 실패와 외국 자본의 철수로 인하여 경제사정은 더이상 손을 쓸 수 없을 정도로 악화 일로에 있었다.

　이같이 내치에 실패한 수카르노는 이를 만회하기 위해 국민들의 시선을 밖으로 돌리지 않을 수 없었다. 북경, 평양, 하노이 등 공산블록을 중심으로 긴밀한 유대관계를 형성하면서 외교적 입지를 강화해 나가는데 중점을 두었다.

　다른 한편으로는 미·소 양대 패권주의에 반대하여 아시아.아프리카 등 신생 독립국을 규합하여 비동맹 운동의 모체가 된 '반둥회의'의 소집을 주도하기도 하였다.

　수카르노는 서구식 민주주의를 거부하고 나사콤(NASA KOM) 체제를 내세워 민족주의자와 종교지도자 그리고 공산주의자를 망라한 3개 세력을 결집시켜 정치에 참여하도록 하여 정국의 주도권을 장악하였다.

　이에 따라 합법적인 정치세력으로 자리를 굳히게 된 공산당은 1962년에 와서 수카르노 대통령의 지원에 힘입어 200만명의 당원으로 급성장하여 세계 제3위 규모의 공산당이 되었으며, 1964년에는 300만명, 그리고 동조자를 포함한 추종세력은 1,000만명을 육박하는 거대조직으로 부상하였다.

6. 수하르토의 신질서(New Order)의 등장

2) 서부 이리안 평정작전의 주역, 수하르토 장군

세계 2차대전이 일본의 항복으로 종전이 되자, 네덜란드 식민통치로 부터 독립운동을 주도해온 수카르노는 1945년 8월 17일에 서부 이리안(Irian) 지역만을 식민지로 남긴채 350년간의 긴 식민지배에서 벗어나 독립을 이룩하였다.

그러나 독립 이후에도 네덜란드가 인도네시아를 재차 식민지화할 욕심을 버리지 않음으로써 4년간에 걸친 독립전쟁이 산발적으로 전개되었다. 그중에서도 1949년 3월에 독립운동의 중심지였던 중부 자바의 족자카르타(Yogyakarta)가 네덜란드 군의 침공으로 한때 점령되기도 하였으나, 당시 이 지역의 작전부대장인 수하르토 중령의 성공적인 부대 지휘로 불과 수시간만에 재탈환하였다. 이는 네덜란드의 식민지화 야욕에 제동을 걸게 된 것으로 인도네시아 독립투쟁사에서 중요한 사건으로 기록되고 있다.

수하르토는 중부 자바 지역의 농촌에서 유년기를 보낸후 네덜란드 식민통치 시절에 하사관으로 군 복무를 시작하였다. 그후 일본 군이 인도네시아를 점령하자, '조국 수호대'(PETA)에 가담하여 소대장으로 근무하기도 하였다. 수하르토가 군에서 두각을 나타내기 시작한 것은 일본이 패전한 후 국군의 전신인 '국민 방위군'(TKR)으로 들어가 네덜란드 군과의 독립전쟁에서 공적을 세우기 시작하면서 부터 출발한다.

1949년 12월에 유엔의 중재로 네덜란드와 '헤이그 협정'을 체결하여, 인도네시아는 네덜란드와 '연방 공화국' 발족에 합의 하였으며, 그 이듬해 단일국가로서 '인도네시아 공화국'을 수립하고 헌법을 제정하기에 이르렀다.

그러나 1956년 2월에 인도네시아 정부는 네덜란드와 연방협정을 일방적으로 폐기하고, 당시 네덜란드가 점령하고 있던 서부 이리안에 대해 영유권을 주장하고 나서자 네덜란드와의 분쟁이 재연되었다.

1961년 12월에 수카르노 대통령은 3대 국민 강령(일명 TRIKORA)을 발표하였는데, 이 강령은 파푸아 지역의 네덜란드 식민지화를 저지하고 서부 이리안 지역에 대한 영토 귀속과 인도네시아의 주권 수호를 위한 국민동원을 촉구하는 것을 내용으로 하고 있다. 이는 이듬해인 1962년 네덜란드 군이 장악하고 있던 서부 이리안 지역의 평정작전을 준비하기 위한 만달라(Mandala) 부대의 창설을 예고하는 것이었다.

새로이 창설된 만달라 부대의 초대사령관에 임명된 수하르토 소장에 대해 베니 무르다니 장군은 그의 자서전, 'Profile of a Soldier Stateman'에서 "그는 매우 침착하면서 다른 일에는 참견치 않는 원만한 성품의 소유자로서 정치적 야망은 없는 것으로 보였으며, 대부대의 지휘능력을 충분히 구비한 인물이었다"고 회고하였다.

마카살(지금의 우중빤당)에 위치한 만달라 사령부의 지휘 본부는 총사령관 겸 육군사령관 수하르토 소장, 해군사령관 수도모(Sudomo) 대령, 공군사령관 와티메나 (Wat-timena) 대령으로 구성되었다.

부대 편성이 완료되자마자 서부 이리안 평정작전에 참가한 만달라 부대는 현대화된 장비로 무장된 네덜란드 군과 싸우지 않으면 안되었다. 게다가 장거리 해상 수송을 통해 서부 이리안 지역까지 작전부대를 투입하기란 당시의 여건으로는 여간 어려운 것이 아니었다.

1962년경 서부 이리안 지역에 배치된 네덜란드 군은 리서 (Reeser) 제독 지휘하의 정규병력만 약 2,500명(그중에 1,500명은 해병대로 구성)으로서 여러 척의 구축함과 순양함으로부터 후방지원도 받고 있었다. 이에 맞서고 있던 인도네시아 군은 상대적으로 열세한 장비와 약 5,400명 규모의 지상병력이 고작이었다.

해군장비는 작전소요규모의 30% 정도밖에 안되었으며, 공군력은 소련으로부터 지원 받은 12대의 미그-17와 수대의 Tu-16 폭격기 등을 보유하고 있었다.

이러한 악조건하에서도 만달라 부대는 1년여 기간동안 지속된 연합작전을 성공적으로 수행해냄으로써 마침내는 서부 이리안 지역에서 네덜란드 정규군을 완전히 축출시킬 수 있었다.

자연히 이 작전을 성공으로 이끈 수하르토 장군의 명성은 국민들에게 널리 알려지게 되었다.

그후 1969년에 와서 서부 이리안은 유엔의 감시하에 국민 투표를 거쳐 인도네시아 영토로 귀속되었다. 이렇게 하여 과거 네덜란드 식민지로 있던 전지역이 '인도네시아 공화국'의 영토로 확정된 것이다.

3) 9·30 공산당 구테타

수카르노 정권의 실정으로 1960년대에 들어와 인도네시아는 경제사정이 악화되고 정당간의 첨예한 대립속에 정국은 계속 혼미를 거듭하였다. 그틈을 타 공산당은 사회불안에 편승하여 지지세력을 넓혀 나갔다. 더욱이 공산당은 농민과 노동자의 무장화를 위하여 중국으로부터 소화기 10만정과 탄약 등의 지원까지 약속 받은 가운데 육·해·공군과 경찰군에 이어 농민과 노동자를 주축으로 하는 제 5군의 창설을 요구하였다. 공산당의 이러한 요구는 육군의 강한 반발을 불러 일으켰으며, 이로 인해 육군과의 반목관계는 날이 갈수록 노골화되어 갔다.

이러한 시기에 공산당을 자극하는 결정적인 사건이 발생하였는데, 다름 아니라 수카르노 대통령이 회의도중에 졸도

한 사건이 일어난 것이다. 1965년 8월에 수카르노 대통령은 전신마비증세로 시한부라는 최종진단을 받았다. 이러한 돌발사태에 직면하여 공산당 간부들은 수카르노 이후의 정국전망에 대해 고민하기 시작하였다. 그들은 수카르노 사후에 육군이 정국의 주도권을 잡게 될 것이며, 이렇게 될 경우 공산당이 말살될 수도 있으리라 예측하였다.

이때부터 공산당 내부에서는 군 지도층 인사를 제거하기 위한 본격적인 거사계획을 수립하였다. 그들은 해·공군과는 연합작전을 형성하여 우호관계를 유지할 수 있었으나, 육군과는 충돌이 불가피할 것이라고 판단하기에 이르렀다.

1965년 9월 30일, 수카르노 대통령의 제1경호대대장인 운뚱(Untung) 중령은 휘하의 1개대대 병력과 10월 5일 국군의 날 행사 참가를 핑계로 동원된 중부 자바(스마랑)와 동부 자바 지역사(수라바야) 소속의 2개 대대병력을 이용하여 구테타를 일으켰다. 그는 먼저 10월 1일 새벽을 기해 공산당 세력 확장에 방해가 되는 장군 평의회(Dewan Jenderal)의 지도급 인사에 대한 납치를 기도하였다.

당시의 국내정국은 말레이시아와의 국경분쟁으로 상당수의 군 병력이 칼리만탄의 국경지역으로 이동 배치되었으며, 더욱이 정부 각료의 대부분은 중국의 10월혁명 기념식에 초청되어 북경을 방문중이어서 이러한 어수선한 분위기였다.

그동안 공산당은 수카르노 정권으로부터 멀어져 가는 민

심을 기반으로 세력을 급속히 확장하였으며, 이미 중국으로부터 무기까지 지원받아 무장하고 있던 터였다.

이들의 납치대상자는 육군 수뇌부의 고위장성들로서 국방성 장관이었던 나수치온(Nasution) 대장을 비롯하여 육군사령관 야니(Yani) 중장, 육군행정부장 수프랍토(Soeprapto) 소장, 육군인사부장 하르요노(Haryono) 소장, 육군정보부장 팔만(Parman) 소장, 육군군수부장 판자이탄(Panjaitan) 준장, 육군법무감 수토요(Soetojo) 준장 등 모두 7명이었다.

그러나 납치대상 1호였던 나수치온 국방성장관은 이웃집의 담을 뛰어넘어 들어가 피신하여 납치위기를 모면 하였고, 대신 그의 전속부관인 텐데안(Tendean) 중위가 나수치온 장군으로 오인되어 납치되었다. 그리고 야니 장군 등은 저택에서 처참하게 살해되었고, 일부는 공산당 훈련 기지인 루방 부아야(Lubang Buaya)로 끌려가 심한 고문을 받고 우물속에 모두 생매장되었다.

거사를 끝낸 구테타군은 라디오 방송국과 통신사를 점령하여 "9·30 사건은 미국 CIA의 사주로 구테타를 모의한 장군평의회로부터 국가를 구출하기 위해 결행하였다. 내각 해산과 함께 45명의 혁명위원회를 구성할 것이며, 수카르노 대통령의 재가를 득했다"고 발표하였다.

당시 육군전략사령관으로 있던 수하르토 소장은 즉각 사

태수습에 나섰다. 그는 육군특전사령부의 전신인 '붉은 베레모 부대'(RPKAD)의 사로워 에디(Sarwo Eddie) 대령(후일 초대 주한 인도네시아대사를 역임)으로 하여금 구테타군의 수중에 있던 라디오 방송국을 탈환토록 하여 10월 1일 오후 6시 30분경에 원상회복을 시켰으며, 이어 밤 8시 라디오 방송을 통해 "금번 사태는 공산당에 의해 저질러진 만행"이라고 구테타 상황을 전국민에게 설명했다.

10월 2일 오후, 공산당의 훈련장으로 사용되었던 할림(Halim) 공군기지가 마침내 진압군의 수중으로 되돌아옴으로써 그들의 '2일 천하'는 막을 내리게 되었다.

당시 수하르토 소장이 공산구테타군의 납치 대상에서 제외된 것은 그가 육군의 다른 고위장성들과는 달리 공산당

▲ 공산구테타에 의해 희생된 6명의 장성에 대한 공적을 기리기 위해 세운 판짜실라 기념탑

에 대한 어떤 정치적인 비판을 가한 적이 없을 정도로 매우 온화한 성격의 군인이었으며, 오직 맡은 직분에만 충실하였기 때문이라는 것이 일반적인 해석이다.

9·30 사태가 공산당의 만행으로 밝혀지자, 온 국민들은 분노속에 공산당과 동조세력들을 처단토록 요구하였으나 수카르노 대통령은 이를 묵살하였다. 공산당에 대한 국민들의 증오감이 전국적으로 확산되면서, 공산당을 두둔해 온 수카르노의 권위도 점점 실추되기 시작하였다.

공산당은 구테타의 실패를 깨닫고서 자신들의 안전대책 마련에 부심하였으나, 구테타의 주동자인 운똥 중령은 중부 자바 지역에서 주민들에 의해 체포되어 군사재판에서 사형선고를 받았다.

9·30 공산구테타로 인해 희생된 7명은 그후에 국가 영웅으로 추대되었다. 이날을 기념하여 10월 1일을 반공의식을 고취시키는 '판짜실라의 날'로 정하는 한편, 매년 당시의 참변 현장인 루방 부아야에서 추모행사를 거국적으로 개최하고 있다.

4) 정치적으로 부상하는 수하르토 장군

9·30 공산구테타의 진압과 함께 공산당의 불법화를 외

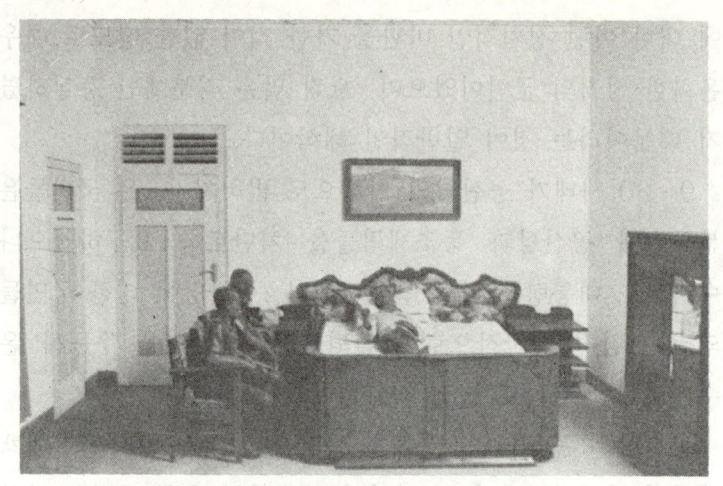
▲ 1966년 3월 11일 수카르노 대통령이 병상에 누워있는 가운데 수하르토 장군에게 전권을 위임하도록 권유하는 3명의 장성

치는 국민들의 목소리가 점차 거세어져 갔다. 이에 편승한 대학생 연합은 가두 데모를 전국적으로 전개하면서 공산당과 관련있는 각료들의 교체와 경제안정을 정부에 촉구하였다. 게다가 1965년 12월 중, 동부 자바 일원에서는 공산당의 토지 착취에 분노한 지역주민들에 의해 10여만명에 이르는 공산당원들이 피살당하는 등 유혈사태가 발생하기도 하였다.

　마침내 1966년 3월 11일 정국불안이 거듭되자, 사태 수습을 위해 라흐맛(Rachmat) 소장, 마흐뭇(Machmud) 준장, 유숩(Jusuf) 준장 등 3명의 장성이 보골(Bogor) 궁전에서 요양중에 있던 수카르노 대통령을 직접 찾아가 대통령의 권한을 이양토록 설득하기에 이르렀다.

이 날이 바로 수카르노가 국가의 치안질서를 회복하기 위해 대통령의 권한을 수하르토 장군에게 위임한 소위 '수퍼 서말'(SUPER SEMAR)[1]을 전격적으로 발표하게 된 역사적인 날이다.

그 다음 날인 3월 12일에 수카르노 대통령으로부터 전권을 위임받은 수하르토 장군은 먼저 공산당의 활동을 일체 불허하는 한편, 9·30 구테타를 주도한 공산당세력에 대해 강경한 조치를 취했다.

그후 수하르토는 공산당세력이 더 이상 발붙이지 못하도록 철저한 반공정책을 취하면서 공산당과 연루된 18명의 각료를 전원 사임시키고 새로운 내각을 발족시켜 혼란한 정국을 가까스로 수습하기에 이르렀다.

이와 같이 권력위임 각서인 '수퍼 서말'은 수카르노의 구질서(Old Order) 시대의 종말과 함께 수하르토에 의한 신질서(New Order) 시대의 등장을 의미하는 인도네시아 현대사에 한 획을 긋는 역사적인 사건이 되었다.

한편, 이 각서가 수카르노 자신의 결심에서 이루어진 것인지 아니면 강요에 의한 것인지는 지금도 분명하지 않다.

---

1) SUPER SEMAR : Surat Perintah Sebelas Maret(the Letter of Command of 11 March)

당시 권력 위임이 강요에 의해 이루어져 군사 구테타적인 성격이 내포되어 있다는 일부인사들의 주장이 1995년 12월 18일자 Forum지를 통해 보도된 바도 있다. 그러나 당시의 상황으로 보아 수카르노 대통령이 더 이상 국민적인 지지를 받지 못한 상태에서 사회혼란을 막기 위한 유일한 대안은 국민의 신망을 얻고 있던 수하르토 장군밖에 없었다는 것은 분명한 사실이다.

이 9·30 사건을 계기로 중국과의 관계는 급속히 냉각되기 시작하였다. 중국이 인도네시아에 거주하고 있던 화교를 이용하여 이 사건의 주동 세력인 공산당을 배후에서 지원하였기 때문이다.

그 결과로 인도네시아에 거주하고 있던 중국인들이 용공분자로 몰려 처형을 당하는 등 한때 큰 곤욕을 치루기도 하였다. 나아가 1967년 10월에 중국과 인도네시아는 상호간에 상주대사관을 폐쇄하고 외교관계를 단절하였다. 그 여파로 중국인들의 활동이 크게 위축된 가운데 중국어 교육은 물론, 중국어로 된 간판과 문자마저도 사용을 금지하기에 이르렀다.

30여년의 세월이 지난 1990년에 와서야 비로소 인도네시아는 중국과의 그 동안의 적대관계를 청산하고 다시 외교 정상화에 합의함으로써 양국간의 관계가 가까스로 회복되었다. 특히 인도네시아는 관계정상화에 대한 전제조건으로 내정에 간섭하지 않는다는 중국정부의 철저한 다짐을 요구할 정도로 과거 9·30 사태와 같은 불행한 사건이 재발되지 않도록 신경을 쓰고 있다.

아직까지 중국에 관한 정치, 문화, 문학 등에 대해서는 정부가 엄격하게 규제하고 있는 실정이나, 중국과의 관계증진으로 중국어 교육을 부분적으로 허용하려는 유화적인 정책이 발표되고 있다. 더욱이 홍콩, 대만 등지로부터 중국 관광객들이 근래에 들어 부쩍 늘어나게되자 관광안내문 등에 한해 중국어 표기를 조심스럽게 허용하고 있기도 하다.

6. 수하르토의 신질서(New Order)의 등장

2. 질서회복사령부의 공산당 색출

1) 사회기강을 잡은 질서회복사령부

질서회복사령부(KOPKAMTIB)[2]는 대통령 직속기관으로서 9·30 공산구테타 이후 국내의 불안한 정국을 수습키 위해 1965년 10월 3일에 창설되었다.

수카르노 대통령은 수하르토 소장을 초대 질서회복사령관으로 임명하고 우선적으로 9·30 사건과 관련이 있는 공산당 요원을 색출하여 치안질서를 안정시키는데 주안을 두었다.

이어 1966년 3월에 수카르노로부터 전권을 인수한 수하르토 장군은 공산당 불법화 선언과 함께 9·30 사건에 연루된 공산당간부와 그 동조세력에 대한 본격적인 검거작전에 착수하였다.

당시 내무성의 기록에 의하면 구테타의 단순가담자(C급으로 분류)로서 약 50만명이 구속처리되었으며 이들은 1975년에 이르기까지 단계적으로 모두 석방되었다. 또한

---

[2] KOPKAMTIB : Komando Operasi Pemulihan Keamanan dan Keterbitan

구테타 음모에 동조한 혐의(B급)가 있는 35,000명중 대부분은 말루쿠(Maluku) 지역의 부루(Buru)섬에 집단 수용되어 왔으나, 1975년부터 1980년 사이에 모두 풀려났다. 그리고 구테타 기도의 핵심인물(A급)로서 운뚱 중령을 포함한 795명은 군사재판에 회부되어 사형 또는 무기의 중형을 선고 받았으며, 이들중에서 1995년 7월 현재까지 장기복역수로서 수감상태에 있는 생존자는 모두 22명인 것으로 알려지고 있다.

한편, 1974년 1월에 반정부 학생소요사건(일명 MALARI 사건)[3]이 자카르타 일원에서 대규모로 발생하여 수하르토 집권이후 최대의 시련기를 맞게 되었다. 이 소요사태로 인해 11명의 사망자와 117명의 중상자가 발생하고, 775명이 구속되었으며, 807대의 차량이 방화 등으로 파손되는 피해를 입었다.

당시 질서회복사령관으로 있던 수미트로(Sumitro) 대장은 이 사건의 책임을 지고 47세의 나이로 군복을 벗게 되었으며, 그 후임 사령관직을 수하르토 대통령이 한때 겸직하는 등 우여곡절이 있기도 하였다.

이와 같이 1970년대 중반부터 학생소요 등 사회불안요인이 가중되자 질서회복사령부는 자체 조직을 더욱 보강하

---

[3] MALARI : Malapetaka Lima Belas Januari(15th January Disaster)의 약칭. 1974년 1월 15일 다나카 일본수상의 자카르타 방문 시기에 일어난 반일 학생 소요사태

여 각종 범죄의 소탕과 밀수조직의 적발 등에도 간여할 정도로 활동영역이 점차로 확대되었다.

그 일례로서 1983년에 자카르타 일원에 내려진 범죄 소탕령에 의해 깡패조직 등 상당수의 사회흉악범들을 사살한 바 있다. 이로 인해 사회전반에 불안감이 만연되었으며, 한때 인권차원의 문제로까지 비화되기도 하였다.

이와 같이 원래 취지와 목적과는 다르게 질서회복사령부가 국민들에게 공포의 대상이 되고 대외적으로는 인도네시아가 군부통치국가로 낙인이 찍히게 되자, 정부에서는 1988년에 질서회복사령부의 기능을 대폭 축소하고, 아예 그 명칭까지도 국가의 안정을 지원한다는 보다 부드러운 이미지의 국가안정지원본부(BAKORSTANAS)로 바꾸어 오늘에 이르고 있다.

```
역대 질서회복사령관
 o 1965-'68      수하르토 장군
 o 1968-'71      빵가베안 장군 (통합군사령관)
 o 1971-'74      수미트로 장군 (통합군부사령관)
 o 1974-'81      수하르토 대통령
 o 1982-'83      수도모 제독 (통합군참모장)
 o 1983-'88      베니 무르다니 장군 (통합군사령관)
 o 1988-'93      트리 장군 (통합군사령관)
  * 1988년 국가안정지원본부로 개칭
 o 1993-현재     탄중 장군 (통합군사령관)
```

2) 새롭게 변신한 국가안정지원본부

 1989년 6월, 통합군사령부 참모장 수디비오(Soedibyo) 중장은 주재 외국무관단을 모아 놓고 질서회복사령부의 명칭을 국가안정지원본부(BAKORSTANAS)[4]로 바꾸게 된 배경에 대해 다음과 같이 브리핑을 한 바 있다.
 "1967년 3월에 수하르토 장군이 대통령직을 인수하였으나, 당시 국내의 치안질서는 불안하기 짝이 없었으며 이러한 정국을 수습하기 위해 질서회복사령부의 창설이 불가피하였다. 그러나, 그동안 질서회복사령부가 인권침해 등으로 일부 국가들로부터 비난의 대상이 되었을 뿐만 아니라, 치안질서가 안정을 되찾게 됨에 따라 이를 해체하게 되었다."
 무르디오노(Moerdiono) 관방성장관도 "1965년에 질서회복사령부가 창설될 당시는 국가적인 혼란기로서 사회안정이 절실하였으나 지금은 공산당에 대한 색출작업이 완료된 상태이므로 더 이상 존속할 필요성이 없어졌다"고 말한 바 있다.
 국가안정지원본부는 통합군사령관이 의장직을 겸하고 있으며, 국가의 치안질서와 사회안정을 위한 제반 문제를 협의, 조정하는 역할을 하고 있다. 아울러 대통령에게 정책조

---

4) BAKORSTANAS : Badan Koordinasi Bantuan Pemantapan Stabilitas Nasional

언도 하고 있으며, 상임위원은 육·해·공군참모총장과 경찰군사령관, 검찰총장, 국가정보부장(BAKIN) 등으로 구성되어 있다. 한편 비상임위원은 통합군사령부 참모장, 해당 사안과 관련된 정부부처 국장급으로 구성되어 있으며, 지방단위로는 육군지역사령관이 지방안정지원본부의 의장직을 수행하고 있다.

그러나 안정지원본부는 과거 질서회복사령부와 같은 작전지휘 기능이 아닌 조정역할 만을 수행하고 있다. 또한 체포, 심문권을 제한하여 인권침해 등의 월권행위를 금지토록 못박아 놓고 있는 것이 특징이다.

이와 같이 안정지원본부는 과거 질서회복사령부에 비하여 권한이 대폭 축소되어 있으나 여전히 공산당 활동에 대한 감시, 감독 기능을 주요 임무로 하고 있다.

그리고 안정지원본부는 상설 계엄사령부와 유사한 역할을 하고 있다고 볼 수 있다. 이러한 법적 근거에 따라 평소 일반행정부처의 관계관들을 소집하여 대책을 협의하는 것은 물론, 치안질서 유지를 위해 필요한 경우에는 계엄령의 발동과는 관계없이 병력투입 등 군의 개입이 항시 가능토록 되어 있는 것이다.

군의 이러한 특수한 기능에 따라 각종 시위행위나 노사분규 등으로 치안질서가 위기에 처하게 될 경우에 군병력이 투입되는 것을 종종 볼 수 있다. 아울러 정부부처간의 원활한 협조관계를 유지하기 위한 목적으로 안정지원본부 요원들이 현역군인 신분으로 정부기관에까지 파견되어 활동하고 있다.

　평상시 안정지원본부에서 다루고 있는 업무는 정부부처간에 첨예한 이해관계로 해결이 잘되지 않고 있는 복잡한 사안들이 대부분이다. 최근의 활동사례를 보면, 수마트라 북부 바탁(Batak) 지방의 기독교 종파간의 내분으로 인한 종교분쟁을 수습한 바 있으며, 자카르타 일원에서 발생한 노사분규를 노동성 등 관련기관들과 수차에 걸친 협의를 통하여 해결하였다. 그뿐만 아니라 1996년 7월 27일에 발생된 인도네시아 민주당(PDI)의 내분사태 해결을 위해서 육군 자카르타 지역사령관이 지방안정지원본부의 의장자격으로 민주당 당사주변에 군 병력을 투입시킨 사례가 있었다.

　이와 같이 안정지원본부는 군부의 강성이미지에 대한 개선과 시대에 걸맞는 새로운 임무수행을 목적으로 발족하여 활동하고 있으나, 명칭을 바꾸고 조직의 기능을 일부 조정하였다고 해서 과거 국민들 속에 얼룩진 공포감이 금방 사라지기는 어렵지 않을까 생각된다.

6. 수하르토의 신질서(New Order)의 등장

3. 반정부 인사의 사면

1) '50인 탄원자' 그룹

인도네시아에도 상당수의 반정부 성향의 단체가 있다. 그 중에서도 대표적인 것이 '인도네시아 공산당'(PKI)이다. 공산당은 1965년 9·30 사건을 계기로 이에 연루된 동조자들이 정치 사상범으로 분류되어 투옥되었다.

또한 과격 이슬람 단체는 1970년대 중반부터 이슬람국가 설립을 목표로 항공기납치 등 반정부 테러활동을 자행한 적이 있었다. 그뿐 아니라, 동 티모르 지역에서는 자치독립을 요구하고 있는 후레틸린(Fretilin) 지하조직이 지금까지도 반정부 게릴라활동을 전개하고 있는 실정이다.

한편 1980년초에 들어와서는 재야의 소외계층을 중심으로하여 수하르토 정권에 대한 비판의 목소리가 공개적으로 표출되기 시작하였다. 그 대표적인 것이 '50인 탄원자'(Petisi 50) 그룹으로서 국방성장관을 역임한 나수치온(Nasution) 장군, 자카르타시장을 역임한 알리 사디킨(Ali

Sadikin) 장군 등 당시 이름있는 군 고위인사들이 상당수 포함되어 있다. 이들은 수하르토 대통령과 그 측근의 실정을 비판하고, 심지어는 군의 이중기능에 대해 부정적인 시각과 함께 판짜실라 정치체제 자체를 바꾸어야 한다고 주장하고 나섰다.

이와 같이 극단적인 주장을 하는 이들에 대해 정부에서는 강경하게 대처하여 이들의 정치활동은 물론이거니와 해외여행도 금지시키고 15년 동안 가택연금시키기도 했다.

이들 반정부 단체에서는 국민들의 불만을 부추기면서 그들로부터 지원과 지지를 얻으려고 노력하였으나, 그다지 실효를 거두지는 못한채 외면당하고 있다.

1996년 9월 14일자 SINAR지에서는 "50인의 탄원자 그룹이 이제는 20명도 채 못되는 수준으로 대폭 감소되었고, 연령층도 이미 60세를 넘어 특별한 활동이 없기 때문에 이제는 유명무실화 되어 'NATO'(No Action Talk Only) 단체로 전락해 버렸다"고 평가한 적이 있었다.

이들 소외된 반정부 인사들은 그동안 장기간에 걸쳐 연금상태에 있었으나 국민화합차원의 화해노력이 이루어져 비로소 연금생활에서 풀려나게 되었다.

특히 이들 재야인사들은 1993년 6월에 하비비 장관의 특별초청으로 현대화된 시설을 구비한 항공기 제작회사(IPTN)과 수라바야의 조선소(PT. PAL) 시설 등을 방문하기도 하였다. 과거 국방성장관을 역임한 나수치온 장군의 경우는 30여년만에 처음으로 군병원 시설에서 건강진단을 받을 수 있도록 정부의 특별한 배려도 받게 되었다.

재야인사에 대한 화해노력은 하비비 과학기술성장관이 막후에서 적극주선한 것으로 알려지고 있는데, 이러한 움직임은 회교지식인 단체인 '이찌미'(ICMI)를 이끌어 나가고 있는 그의 정치적 포부와도 무관하지 않은 것으로 평가되고 있다.

2) 반정부 인사의 사면

정부에서는 독립 50주년을 맞이하여 국민화합 차원에서 '50인 탄원자' 그룹에 가담한 일부인사에 대한 해금과 함께 9·30 구테타사건에 연루되어 장기복역수로 수감, 복역중인 반정부 인사들에 대한 사면 조치를 단행하였다.

더욱이 9·30 구테타 사건을 주동한 작크라 비라와(Cakra birawa) 부대소속의 하사관 4명은 군장성 납치와 처형에 가담한 혐의로 1990년 2월에 사형이 집행되었으나 그중 일부는 별도의 감형조치로 지금까지 20여명이 수감상태로 생존해 왔었다.

그동안 세계인권연맹위원회에서는 이들 구속 인사에 대한 구명 운동을 꾸준히 전개해온 바 있는데, 1995년 8월 독립

50주년을 기해 정부의 특별사면령으로 석방의 기회가 주어졌다.

이들 중에는 9·30 구테타 기도의 핵심인물로서 수카르노 정권 당시 부수상을 지낸 수반디리오(Subandrio), 공군사령관을 역임한 오말(Omar) 중장, 그리고 자카르타지역의 보병여단장이었던 라티프(Latif) 대령 등이 포함되어 있다. 이들은 모두 연령적으로 정치, 사회적인 활동이 불가능한 70세 전후의 고령으로서 정부의 대국민 화해무드에 힘입어 자유의 몸으로 풀려나게 되었다.

인도네시아 선거법에서는 9·30 공산구테타 사건에 가담하거나 또는 연루된 자에 대해서는 선거권과 피선거권을 박탈하도록 엄격히 규정하고 있다. 이에 따라 1971년 총선에서는 무려 170만명의 선거권이 박탈된 적이 있었다.

그러나 1997년 총선에서는 지금까지 생존자 115만명중에서 주동자급에 해당되는 2만여명을 제외하고는 전원 복권조치될 것으로 알려지고 있다.

한편, 군 당국에서는 안보차원에서 이들 사상범들에 대해 특별 감시가 계속 필요하다고 주장하는 등 정부의 사면조치에 대해 우려를 나타내고 있다. 이는 1965년에 자행된 공산주의자들의 잔악한 행위에 대한 경각심이 아직도 머리속에서 사라지지 않고 있음을 입증하고 있는 것이다.

제7장 신질서(New Order) 시대의 큰북

1. 수하르토와 군부

수하르토 대통령이 지난 30여년 동안에 걸쳐 정치적으로 안정을 유지할 수 있었던 것은 헌법 절차에 따라 대통령직에 선출되었다는 그 자체 보다는 그 배후에 포진한 군부의 절대적인 지원에 힘입은 바가 컸다고 해도 과언이 아니다.

인도네시아 군부는 1965년의 공산구테타에 대한 성공적인 진압을 계기로 판짜실라 이념의 정치체제를 안정되게 지속시키는 데 더 없이 중요한 역할을 수행해온 것이 사실이다.

군부로부터의 이러한 지원은 수하르토의 집권과 함께 시작된 신질서 시대의 정치적인 특징이라고 볼 수 있으며, 이로 인해서 군부통치국가라고 하는 오명까지 얻게 된 것이다.

더욱이 수하르토 체제가 확고한 안정을 유지할 수 있었던 이유에 대해 일부에서는 집권층 내부의 군부와 기술관료 출신 그리고 대통령 측근세력간의 경쟁관계를 최대로 이용해 이들로부터 충성심을 끌어낸 결과로 보는 견해도 있다.

7. 신질서(New Order) 시대의 군부

지금까지 수하르토와 군부간에 밀월관계가 지속될 수 있었던 것은 인재등용에 있어 귀재로 알려진 수하르토의 탁월한 용병술에 기인하는 것으로 평가하는 사람도 없지 않다.

이와 같이 수하르토 30년 집권의 버팀목 역할을 해온 군의 주요 인맥으로는 유숩(Jusuf), 베니(Benny), 트리(Try) 장군을 비롯하여 여러명을 손꼽을 수가 있다. 이들은 차례로 통합군사령관 또는 육군참모총장으로 재직하면서 정치적인 영향력을 발휘해 왔다. 더욱이 1990년대 초반부터는 수하르토 측근이기도 한 자신의 전속부관 출신들이 대거 실세로 등장하여 군의 요직을 차지하게 됨으로써 군과의 관계가 더욱 확고부동하게 구축되고 있음을 알 수 있다.

그러나 현 정권과 원만한 관계를 유지하지 못하고 판짜실라 정치체제에 대한 비판적인 시각으로 미움을 샀던 장군들도 없지 않다. 일례로 1968년 3월에 수하르토 장군이 대통령으로 취임할 당시에 잠정 국민협의회(MPRS) 의장이자, 군의 선배였던 나수치온(Nasution) 장군과는 사소한 일이 빌미가 되어 오랜 기간에 걸쳐 불편한 관계속에서 지내야만 하였다.

그뿐 아니라 1980년대초 알리 사디킨(Ali Sadikin) 장군이 중심이 된 '50인 탄원자' 그룹은 군이 정치참여기능을 남용하고 있다고 수하르토 대통령에게 집단으로 항의한 사건이 발생하여 당시 능력있는 군 고위장성들이 정부에 등을 돌린적이 있었다.

  1980년대 수하르토 대통령의 각별한 신임으로 통합군사령관, 국방성장관을 역임한 바 있는 베니 무르다니 장군마저도 한때 수하르토와의 불편한 관계(?)가 원인이 되어 정계 일선에서 은퇴해야만 했다. 이러한 관계는 1995년초에 단행된 군부의 고위인사에도 영향을 미쳤던 것 같다. 즉 1995년 3월 10일자 Economic Review지에서 "수르야디(Soerjadi) 육군참모차장이 참모총장으로 내정되었으나, 과거 영국, 미국 무관으로 근무할 당시에 베니 장군과 가까왔던 관계로 인해서 참모총장의 임명과정에서 배제 되었다"고 주장한 것을 보더라도 양자관계를 쉽게 짐작할 수 있다.

  마침 필자는 1970년대 후반에서부터 지금에 이르기까지 20여년간 에 걸쳐 주인도네시아 한국대사관 무관 등으로 근무하면서 인도네시아 군부의 영향력있는 인사들과 개인적인 교분관계를 맺을 수 있었다.

2. 수하르토의 측근 장군들

1) 청렴결백한 유숩 장군

인기절정의 사령관 시절

1978년에 단행된 정부개각에서 유숩(Jusuf) 공업성장관은 빵가베안(Panggabean) 대장 후임으로 국방성장관(통합군사령관 겸임)으로 전격적으로 발탁되었다.

당시의 언론은 1966년부터 12년 동안 공업성장관 자리를 지켜온 인사가 돌연 국방성장관으로 임명되어 군 제복을 다시 입게 된 것에 놀랍다는 반응을 나타냈다.

▲ 유숩 장군. 1928년 남부 슬라웨시 출생. 전 통합군 사령관 겸 국방성 장관

게다가 그는 육군참모총장이나 통합군사령부의 참모직책

조차 경험하지 못한 평범한 장군에 불과하였으므로 이러한 파격적 인사의 배경에 대해 세인의 관심이 집중되었다.

그러나 유숩 장군은 9·30 사건 이후인 1966년 3월 보골(Bogor)의 별장에서 요양중이던 수카르노 대통령을 직접 찾아가서 대통령의 전권을 수하르토 장군에게 인계하도록 권유한 '용감한 장군'중의 한 사람으로 잘 알려진 장본인이기도 하다. 그는 수하르토 대통령과 이러한 인연으로 맺어져 수하르토 정부출범의 1등 공신으로 인정받아 군의 실세로 부상하게 된 것이다.

1985년의 'Who's who'(인명록)에서는 새로 임명된 유숩 대장에 대해 "그는 술라웨시 출생으로 성격이 강직하고 청렴결백한 장군으로 알려져 있으며, 군내에서는 물론 국민들로부터 큰 신망을 받고 있다"고 소개한 바 있다.

그는 사령관으로 임명된 후 예하부대를 자주 방문하여 장병들을 격려하는데 시간을 아끼지 않았다. 당시 국방성 발표에 의하면 그는 재임 5년동안 무려 172회에 걸쳐 411일간의 시간을 부대 방문에 보냈으며, 이를 위해 총 58만km를 여행하였다고 한다.

유숩 사령관은 군 전투력 향상을 위해 육군의 100개 보병대대를 대상으로 장비 현대화 계획을 입안, 추진하였을 뿐 아니라 군의 의식개혁에도 앞장서 노력하였다.

일례로 그는 1980년도에 신축된 통합군사령부 건물의

카페트와 에어콘 사용문제로 전군 지휘관회의에서 장장 4시간여 동안이나 격론을 벌인 적도 있다고 한다. 그는 또한 현역 군인의 비지니스 참여를 강력히 금지시키는 등 군 개혁에 많은 노력을 기울였다.

  지금 생각하면 이러한 군개혁에 대한 의지는 현실과 맞지 않는 점도 있으나 당시에 그와 같은 강력한 개혁의지를 가진 군부인사가 있었다는 데 의미가 있다고 생각된다. 지금도 현역 군인이나 공무원의 신분으로는 사업이나 이권에 개입하지 못하도록 내규화되어 있어 좋은 전통으로 계승되고 있다.

서울방문과 해군함정 구매

  유숩 장군은 국방성 장관으로 5년의 재임기간중 두번에 걸쳐 서울을 방문한 적이 있는데, 한번은 1980년대초 미국 방문길에 서울을 비공식으로 잠깐 들린 적이 있으며, 그후에 다시 우리측의 공식 초청으로 방한하였다.

  그의 첫번째 방한은 제5공화국이 출범하기 직전으로서, 국보위가 설치된 상황이라 정치적인 긴장감이 고조되었던 때였다. 당시 전두환 보안사령관이 특별히 환영만찬을 주최하였는데 연희동에 위치한 어느 요정에서 은밀히 이루어졌다. 유숩 장군은 그렇게 융숭한 대접을 받기는 처음이었다고 실토할 정도로 극진한 예우를 받았다. 우리 국방부에서도 외국의 비중있는 군부인사가 방한하게 되어 희색이 만면한 분위기였다.

당시 인도네시아의 거물급 군부실력자였던 그가 서울을 방문토록 주재공관에서는 물론 인도네시아 국방성의 정보국장이던 베니 장군이 보이지 않게 애를 써 주었던 것으로 알려졌다.

한편, 통합군사령관의 방한은 어떤 의미에서 당시 초보 단계에 있었던 우리나라의 조선산업 발전에 큰 도움을 주었다고 생각한다. 왜냐하면, 바로 이 방문으로 우리나라 타코마(TACOMA) 조선에서 자체 건조한 고속정과 상륙정 10척을 인도네시아 해군에 처녀수출할 수 있게 되었기 때문이다.

지금도 인도네시아 해군에서는 한국에서 도입한 10척의 군함에 대해 대단한 자부심을 갖고 있다. 해군의 한 고위인사는 한국산 함정이 전체 해군전력의 30% 정도를 점하고 있다고 얘기하고 있을 정도여서 한국인으로서 자랑과 긍지를 느끼게 된다.

한때 후계인물로 부상되기도

유숩 장군은 국방성장관 재임기간 중 인기가 절정에 달해 1979년 10월 5일 국군의 날 경축기념 행사장에서는

7. 신질서(New Order) 시대의 군부

'유습 장군 만세' 소리가 터져 나올 정도였다.

그는 해외순방때 마다 공군 허큐리스(C-130) 수송기에 대규모의 수행원들을 거느리고 다닐 정도로 인도네시아 군부의 위세를 대외에 과시하기도 하였다.

당시 그의 밑에서 정보국장을 지낸 베니 장군은 자신의 자서전에서 "유습 장군은 통합군사령관으로서 인기가 대단하였다.

그는 부대 방문시마다 홍보를 위해 많은 기자단을 이끌고 다녔으며, TV와 신문 등 매스콤에서는 그의 부대 방문 활동을 연일 대서 특필로 보도하였다."고 기술하고 있다.

그의 인기가 날로 높아지자, 1980년대초 국내외 언론에서는 유습 통합군사령관을 수하르토의 후계인물로 부각시키기 시작하였다. 통치권자 입장에서 보면 불안스럽고 내심으로는 경계하지 않을 수 없는 노릇이었을 것이다. 그는 마침내 1983년 3월에 통합군사령관직을 자신의 정보참모인 베니 무르다니 중장에게 인계하고 감사원장으로 자리를 옮겨 정치일선에서 물러나게 되었는데 이것은 그러한 과열 인기가 원인이 되지 않았나 생각된다.

그의 퇴임을 계기로 그때까지 국방성장관과 통합군사령관 자리를 1인이 겸직하던 관행이 분리되어 새로운 국방성장관으로는 포니만(Poniman) 육군참모총장이 임명되었다.

그후 유습 장군은 1995년의 독립 50주년을 기해서 수하르토 대통령으로부터 인도네시아 정부의 최고훈장인 '브리 아디푸르나'(BRI Adipurna)를 수여받았다. 이 훈장을 수여받은 인사는 현재까지 수하르토 대통령 내외, 하멩쿠 부워노 전 부통령 등 모두 5명뿐이다.

1995년 8월 26일자 GATRA지는 유숩 장군에 대해 "청렴과 절제, 근면으로 부하장병으로부터 존경과 사랑을 받았다"고 평가하였다. 비록 그는 군과 정계에서 은퇴하였지만, 수하르토 대통령과 각별한 정치적인 인연을 갖고 있는 비중있는 인사의 한 사람임에 틀림없다.

2) 정보통, 베니 무르다니 장군

한국과의 첫인연

베니(Benny Moerdani) 장군은 한국을 좋아하고 한국을 앞장서 지원해 준 대표적인 친한 인사의 한 사람이다.

베니 장군이 한국과 인연을 맺게 된 것은 1970년대 주한 인도네시아 총영사로 부임하면서 부터이다. 그는 3년여 기간동안 서울에 머물렀으며 양국간의 외교관계가 대사급으로 격상되자 현역 군인의 신분으로 대리대사로 잠시 근무 하기도 하였다.

그는 외교관의 신분이기는 하나 한국문화를 이해하고 한

국인들과 더욱 친숙해지기 위해 대학생들과의 술자리도 마다하지 않고 한국말까지도 열심히 배워 유창할 정도가 되었다. 그런 연유로 하여 인도네시아에 관심있는 한국 사람이라면 그의 이름을 모르는 사람이 없을 정도로 우리에게 잘 알려진 친숙한 인물이 되었다.

▲ 베니 장군. 1932년 중부 자바 출생. 전 통합군사령관, 국방성 장관

그는 귀국 후에 국방성 정보국장으로 자리를 옮긴 다음에도 공식 또는 비공식으로 매년 한 두차례 서울을 드나들 정도로 한국에 대한 애착이 대단하였다. 자연히 우리나라 정부의 고위인사들과의 교분관계도 두터워질 수 밖에 없었다.

그는 1980년대 초 제5공화국이 출범하기 직전 우리나라 국방부의 C장군을 통해 당시 실세로 알려진 군의 핵심인사들과 친분을 맺게 되었고, 이것이 후일 한·인도네시아 교류증진의 계기가 되었다.

이를 계기로 매년 10월 1일 개최되는 국군의 날 행사에 외빈자격으로 베니 장군을 포함한 인도네시아 군부의 고위인사들이 초청 되어 방한하는 등 상호 교류방문이 빈번해졌다. 이때부터 인도네시아측에서는 탄약, 전투복 등 우리나라 방산제품에 대해 관심을 갖게 되어 구매상담도 활발히 이루어지기 시작하였다.

그뿐 아니라, 1980년대에 들어와 우리나라가 해외에서는 처음으로 인도네시아 유전개발 사업에 참여할 수 있게 된 것도 베니 장군의 배후지원 덕분이라는 것은 이미 잘 알려진 사실이다.

정보국장에서 통합군사령관으로 승진되기까지

1974년 초에 다나까(Tanaka) 일본 수상의 인도네시아 방문을 계기로 학생들의 반일데모가 극한상태로 확산되자, 당황한 정부는 사태수습을 위해 주한 인도네시아 대사관에 근무중인 베니 장군을 자카르타로 귀국토록 하였다. 귀국후 얼마 안되어 수하르토 대통령으로부터 국방성 정보국장으로 임명받는 자리에서 사태수습 지시를 받았다고 베니 장군은 자서전에서 기술하고 있다.

그는 국방성 정보국장직에 있으면서 45세 나이로 최연소 중장으로 승진되어 화제가 되기도 하였다. 1983년 유숩 통합군사령관의 퇴임에 따라 베니 정보국장이 후임사령관에 전격 임명되자, 언론들은 이례적인 인사조치에 놀라움을 표시하였다.

지역사령관도 경험치 못한 그가 통합군사령관으로 발탁

된 배경에 대해 베니 장군은 자서전에서 "수하르토 대통령 이외에는 이 사실을 아는 사람이 없다. 다만 자신은 독립투쟁에 참가한 노년층의 '45년 세대'와 60년대 정규사관 출신 간의 교량역할을 하였을 뿐"이라고 설명하여 자신의 폭넓은 인간관계가 간접적 요인이 되었음을 시사하였다.

통합군사령관으로 임명된 후 그는 국방예산의 긴축과 함께 효율적이고 경제적인 군 운용의 필요성을 절감하고 군 조직개편에 착수하였는데, 이는 빼놓을 수 없는 그의 치적 중의 하나로 평가 된다. 그는 통합군사령관 예하의 중간 제대인 4개 방면군사령부(중장급 지휘)를 전격적으로 해체하는 동시에, 방면군사령부 밑에 있는 16개에 달하던 육군지역사령부를 현재와 같은 10개 지역사령부로 축소하는 작업을 추진한 것이다.

이러한 대대적인 조직개편은 당시 상황으로서는 감히 엄두도 낼 수 없는 것이었으나 그는 인도네시아 군이 나아 가야할 방향을 깊이 통찰하고서 이를 대담하게 추진해 나간 것이다.

그는 국방성 정보국장에서 통합군사령관으로 그리고 그후 국방성장관에 이르기까지 무려 10여년 이상에 걸쳐 군요직을 거치면서 그와 가까운 부하들이 고위직으로 진출할 수 있는 계기가 되었다. 당시 그의 측근으로 잘 알려진 사람으로는 해군총장을 지낸 아리펀 대장을 비롯하여 통합군사 참모장 수디비오 중장 등이 있다.

한국 친구에게 준 조언

베니 장군이 통합군사령관으로 전격적으로 임명되면서 그의 영향력이 국내외에 알려지기 시작하였다.

특히 그가 과거 서울에 근무한 바 있어 한국 군부의 고위 인사가 자카르타를 방문하게 되면 으례히 베니 장군의 근황에 대해 질문을 늘 빼놓지 않을 정도로 그에 대한 화제가 단골메뉴로 등장하였다.

한때 우리나라 육군참모총장을 지낸바 있는 J장군이 자카르타 방문 중에 과거의 개인적인 친분관계로 그의 집무실을 찾은 적이 있다.

흔히 우리나라 사람들은 영향력 있는 인사를 만날 때 청탁이나 부탁을 하는 경우가 많은데 J장군 역시 예외는 아니었다. J장군은 당시 계획 중이던 인도네시아 신해군기지 건설공사에 대해 우리나라 건설회사들이 참여할 수 있도록 베니 장군의 지원을 요청하였다.

이에 대해 베니 장군은 명확한 답변을 피하면서 해군기지 건설문제는 통합군사령부 소관이 아닌 과학기술성 소관이기 때문에 하비비 장관과 직접 협의하는 것이 좋겠다는 조언을 해 주었다. 이러한 사실을 몰랐던 J장군은 통합군사령관의 영향력만을 기대하고서 비즈니스를 부탁하였지만, 결국에는 정중히 거절을 당함으로써 화기애애한 분위기만 망쳤던 것이다.

대부분의 인도네시아 사람, 그 중에서도 자바 사람들은 다른 사람으로부터 부탁을 받게 되면 항상 미소를 띄고 고개를 한두번 끄덕이면서 상대방을 안심시켜 주는 것이 상례다. 그러나 고개를 끄덕인다고 해서 모두 'Yes'는 아님을 알아야 한다. 더욱이 자기와 업무소관이 다른 분야에 대해서는 아예 얘기조차 꺼내기를 싫어하기 때문에 아무리 고위인사의 청탁이라 할 지라도 이곳 관료사회에선 잘 통하지 않는다.

우리나라 대통령과 대면 기회도 가졌으나

우리나라 제5공화국 시절의 군부실세들과 인연을 맺고 있었던 베니 장군은 1989년에 자카르타에서 당시 인도네시아를 국빈방문 중이던 노태우 대통령을 개별적으로 만나는 기회를 갖게 된다.

당시에 베니 장군은 통합군사령관 직에서 물러나 국방성 장관으로 자리를 옮긴지 1년이 지난 후였다. 그렇기 때문에 그의 군부내 위상에 대한 세인의 견해가 분분하였는데, 이와 관련하여 당시 정부요직에 있었던 K씨는 다음과 같은 비화를 전하고 있다.

자카르타 체재기간 중에 노 대통령은 베니 장군의 근황에 대해 관심을 표하면서, 주재대사에게 그를 개별적으로 만나도 좋을지를 질문하였다고 한다. 이에 주재대사는 베니 장군이 이미 군부 실세 자리인 통합군사령관직을 떠난 상태이므로 대통령의 위치에서 그를 개별적으로 접견하는 것은 적절치 않다는 요지로 답변하였다.

그러나 노대통령은 다른 경로를 통해 그에 대해 알아본 후, 베니 장군과 개별 면담이 이루어졌다. 이는 바로 군부 거물로 알려진 베니 장군의 위상에 대한 엇갈린 평가로 빚어진 하나의 해프닝이 아닐 수 없었다. 후일에 이 사건에 대한 책임문제가 제기되어 주재대사가 조기 귀국하게 되는 결과로까지 이어지게 되었다.

자서전 발표 후에 은퇴의 길로

1993년 초 수하르토가 6선 대통령으로 재선출이 확실시되자, 정가에서는 새 내각의 인물에 대한 하마평이 오르내리고 있었다. 새로운 내각의 구성을 불과 2~3개월 앞두고 베니 장군은 시내 힐튼호텔의 콘벤션 홀에서 자서전 'Profile of a Soldier Stateman'에 대한 출판기념회를 가졌다.

이 자리에는 군인, 사업가, 학자, 외교관 등 베니 장군과 인연이 있는 1,000여 명이 초청되어 대성황을 이루었는데, 필자도 당시 국방무관의 신분으로 초청되어 베니 장군의 모습을 옆에서 지켜볼 수 있었다.

한 때 막강한 군부 실력자였던 그가 왜 하필이면 이 미묘한 시기에 많은 사람들을 모아놓고 자서전을 발표하는 것인지 의문이 들었다. 그를 아끼는 모든 사람들은 그가 국방성장관직을 지난 5년간 잘 수행해 왔기 때문에 으례히 새 내각의 일원으로 참여할 것으로 기대하고 있었던 것이다.

그러나 그러한 일반의 예상과는 달리 1993년 3월에 발표된 내각 리스트에는 그의 이름이 빠져 있었다. 지금도 베니 장군이 군 요직에서, 그리고 정치 일선에서 밀려나게된 이유는 하나의 수수께끼로 남아있다. 어떤 사람들은 수하르토 주변의 실세들과 파워 게임에서 밀려났다고 하며, 혹자는 통치자와의 불편한 관계에서 비롯되었다고도 한다. 이유야 어떠하든 간에 고위 공직자가 공직에서 물러나게 되면 그의 정치적 생명은 일단 황혼기에 들어선 것으로 보아야 할 것이다.

그러나 그가 공직에서 물러나게 된 것을 가장 아쉬워했던 사람들은 다름아닌 그와 친분관계를 유지했던 한국 사람들이 아닌가 싶다. 그의 은퇴를 아쉽게 여기면서 앞으로 한국 사람들의 가까운 친구가 될 수 있는 제2의 베니 장군이 다시 나오기를 기대해 본다.

3) 부드러운 미소의 트리 장군

대통령 전속부관에서 통합군사령관으로

트리(Try Sutrisno) 장군은 통합군사령관으로 재직 중인 1993년 3월에 국민협의회(MPR)에서 수하르토의 지명 요청에 의해 일약 부통령으로 선출되어 정계에 진출하게 되었다. 그는 언제나 부드러운 미소를 띤 얼굴로 국민들에게 친근감을 주고 있는 장군으로도 알려져 있다.

▲ 트리 장군. 1935년 동부 자바 출생. 전 통합군사령관, 현 부통령

그는 1950년 말경 반둥에 위치한 육군공병학교를 졸업한 후 소위로 임관되었으며, 1974년부터 4년간에 걸쳐 수하르토 대통령의 개인 전속부관으로 근무한 경력이 있다.

대통령과의 이러한 인연으로 그는 군 요직인 자카르타 지역사령관, 참모차장, 참모총장을 거쳐 통합군사령관까지 무난하게 승진할 수 있었다.

한편 그가 군 요직에 있는 동안 수차례 대형사건이 발생하여 그의 전도가 순탄하지 않을 것으로 예견하는 시각도 없지 않았다. 일례로 그가 자카르타 지역사령관으로 재직하던 1984년에 탄중 푸리옥(Tanjung Priok) 항구 인근의 이슬람 사원에서 군인들에 의한 총기 난동사건이 발생하여 수 명의 사상자가 발생한 일이 있었다.

그후 통합군사령관으로 자리를 옮긴 다음에도 수마트라의 람풍(Lampung)에서 극렬그룹에 의한 소요사건이 일어났으며, 이어 1991년에는 동 티모르(Timor) 지역의 딜리(Dili)에서 군의 발포로 50여명의 사상자가 발생한 대형사고가 잇따랐다.

그러나, 수하르토의 전속부관을 지냈다는 특수한 경력과 그의 후광으로, 모든 악재들을 물리치고 오늘의 제2인자 위치에까지 오르게 되었다.

장차 후계자로서 꿈은

트리 장군은 전임 통합군사령관이었던 베니 장군과는 대조적으로 심복부하가 없다는 것이 특징이다. 심복부하가 없다는 것은 리더십 부족으로 비쳐질 수도 있겠지만 그는 이미 군 지도자, 그리고 장차 국가 지도자로서의 도약에 뜻을 두고 의도적으로 심복만들기를 기피해 온 흔적이 엿보인다.

만일에 군 조직에서 심복부하를 두게되면 경쟁자들과의 반목으로 조직의 화합을 저해할 수 있다는 것을 그가 일찍

깨달았거나, 수하르토의 후광으로 오늘의 그가 있을 수 있었기에 조심스럽게 처세하고 있는지도 모른다.

한편 그는 육군참모총장, 통합군사령관 재직시에 이슬람의 지도급 인사들과 자주 접촉하면서 긴밀한 관계를 유지해 왔는데 이 역시 장래 지도자가 되기 위한 준비과정으로 이해된다.

어떤 때에는 그가 이슬람 사원의 군중들 앞에서 연설하는 모습도 자주 볼 수 있었는데 이는 여론지배 계층으로서의 이들의 영향력을 의식하고 있음을 말해주고 있는 것이다.

트리 장군은 '88 서울 올림픽'이 열렸을 때 통합군사령관직에 있으면서 서울을 방문한 적이 있는데 평소에 스포츠에 관심이 많은 데다가 때마침 인도네시아 국기종목인 베드민턴 협회장직을 맡고 있었기 때문이다.

그는 항상 웃음을 잃지 않고 모나지 않은 성품으로 국민들의 존경을 받고 있으며 수하르토 대통령의 정치보좌관으로서의 역할을 착실히 수행하면서 차기 후계자로서의 꿈을 키워나가고 있는 듯이 보인다.

필자는 1995년경에 트리 부통령의 비서실장인 조코(Djoko) 소장과 개인적인 친분으로 이야기를 나눌 기회가 있었다. 그는 부통령의 역할에 대해 언급하면서 "동양 국가의 부통령과 서양의 부통령은 위상이 판이하게 다르다. 더욱이 국민 앞에서 조심성 있는 처신은 물론이거니와 대통령과의 적절한 거리를 항상 유지해야 함으로 어려움과 고충도 없지 않다"고 실토하였다.

지금 이 시점에서 그는 후계자 수업을 마친, 수하르토로부터 가장 신임을 받고 있는 인물이라고 봐도 틀림이 없을 것이다.

그러나, 수하르토가 7선 재출마로 5년간을 더 연장하여 집권하게 될 경우에 후계자로서의 입지를 고수할 수 있는 부통령의 기회가 다시한번 그에게 주어질 것인지 여부가 관심이 되고 있다.

수하르토 대통령은 집권 30년 동안에 부통령을 매번 새로운 인물로 교체해 왔다는 선례를 감안해 볼때 후계자로서 순조로운 항진이 반드시 보장된 상태는 아닐 것이라는 관측도 조심스럽게 대두하고 있다.

4) 근면 성실한 에디 장군

정규 육사 제1기생으로서

에디(Edi) 장군은 1960년에 중부 자바의 마글랑(Magelang)에 있는 정규 4년제 육군사관학교를 제1기로 졸업한 정통파 군인이다. 임관후에는 특전사령부에서 중대장, 대대장을 역임하였고 제1지역사령관(북부 수마트라)과 제3지역사령관 (서부 자바)을 거쳐서 참모총장을 지내고, 1993년에 국방성장관으로 발탁되어 오늘에 이르고 있다.

에디 장군은 그의 경력에서 보듯이 대부분 야전부대의 지휘관으로 일관해 왔다. 특히 사관학교와 육군대학, 국방대학원 등의 교육기관에서 줄곧 수석으로 졸업할 정도로 그의 우

▲ 에디 장군. 1938년 수마트라 출생. 전 육군참모총장, 현 국방성장관

수한 두뇌와 성실성은 정평이 나있다. 그는 군내에서도 존경과 신임을 받고 있는 가운데 군의 주축을 이루고 있는 육사출신 장교들의 구심점 역할을 하고 있다.

에디 장군은 청렴한 군인으로도 잘 알려져 있다. 그가 참모총장으로 재직하던 때의 일이다. 주말에 그는 인도네시아의 고위인사들에게는 잘 어울리지 않는 밴형의 승용차인 끼장(Kijang)에 전속 부관을 옆에 태운채로 시내 모 골프장에 나타난 것이다.

그러나 당시 골프장 경비원은 그가 참모총장인 것을 모르고, 초라한 자동차만 보고는 차량주차를 저지시키는 등 실랑이까지 벌어지게 되었다. 결국 그의 신분이 밝혀져 경비원이 사과하였다고 하지만, 인도네시아에서 현역의 4성

장군이 고급차도 아닌 서민용 자동차를 타고 다니는 것은 상상조차 할 수 없는 일로서 소박하고 청렴한 성품을 잘 보여주고 있다.

군의 'Back to Basic' 주창

에디 장군이 참모총장 재직시에 주창한 'Back to Basic' (본연의 임무로의 복귀)캠페인은 군이 주어진 고유임무에 충실해야 한다는 정신적 재무장운동이다. 이는 군인은 군인으로서의 맡은 직분에 충실하여야 하며 본연의 임무이외에 권력을 남용하거나 이권 등에 개입해서도 안된다는 것이다.

이 운동은 군 내외로부터 지지와 호응을 얻기도 하였지만, 일부 비판적인 계층에서는 군의 'Back to Basic'을 'Back to Barrack' (병영으로 돌아가다)의 개념으로 평가 절하 하였다.

즉, 군은 이중기능인 정치참여에서 손을 떼고서 고유의 국방분야 임무에만 충실해야 한다는 뜻으로 오도함으로써 마침내는 군을 비난하는 내용으로 둔갑해 버린 것이다. 그 후에 이러한 유언비어가 전국적으로 확산되자, 'Back to Basic' 운동이 군에 대한 부정적 시각을 불러 일으킬 소지가 크다고 보아 더 이상 이에 대한 거론 자체도 기피하고 있는 실정이다.

군의 복지개선은 군 지휘관이라면 모두 관심을 갖게 마련이다. 그는 오랜기간의 야전부대 경험을 통해 군의 낙후된 근무 환경을 피부로 느낀 바가 있어 누구보다도 이의 개선을 위해 노력하였다.

어느날 그는 군 장병들의 건강상태에 대해 말하면서 "인도네시아 군은 장비면에서도 열악하지만 병사들의 건강도 영양실조의 상태"라고 혹평한 적이 있다. 당시의 병사들은 하루에 부식비로 현금 1,600루피아(미화 1$ 정도)와 미곡 600g을 지급받고 있었다.

이를 열량으로 환산하면 3,100칼로리에 불과하여 최근 중동지역에 파견되는 유엔 평화유지군의 기준인 1일 3,500~5,000칼로리와는 큰 차이가 있다. 그러나 제한된 군 예산으로는 장병들의 복지개선이 어렵기 때문에 지원업체로 구성된 군공제회로부터 매년 일정액의 예산을 별도로 보조 받고 있는 실정이다.

그는 1989년에 참모총장 재직시 방한한 바 있다. 시기적으로 우리나라의 육군 본부가 서울에서 대전 지역으로 이동한 다음이었으며, 외국의 고위인사로서 계룡대를 방문한 첫 손님으로 기록되고 있다. 그는 휴전선지역의 땅굴과 판문점도 둘러보고, 한반도에서 남과 북이 긴장속에서 대치하고 있는 현장도 목격하였다.

그래서 그는 지금도 자신의 집무실을 찾아오는 우리나라

의 군부 인사들에게 휴전선 대치상황에 대해서 늘 관심을 가지고 묻고 있다고 한다.

5) 수하르토의 인척, 위스모요 장군

수하르토 대통령의 가까운 인척으로서

▲ 위스모요 장군. 1940년 동부 자바 출생. 전 육군참모총장. 현 국가체육회 회장

위스모요(Wismoyo) 장군은 1963년에 육군사관학교를 졸업한 후, 특전사령부에서 약 20년간 근무해온 '붉은 베레모' 부대 출신이다.

그는 동기생중에서는 가장 먼저 장군으로 진급하고 육군의 최정예부대인 특전사령관이 되었다.

그후 지역사령관을 두차례나 역임하고, 육군의 주력부대인 전략사령관을 거쳐 참모차장, 1993년에는 참모총장으로 고속승진하여 주위 사람들로부터 부러움의 대상이 되었다.

과거 육군의 역사를 통해 군의 요직만을 골라 장장 10여년 이상을 누려 온 사람은 전무후무할 정도이므로 그만큼 그가 군부의 실세임을 짐작할 수 있는 것이다.

이러한 화려한 경력을 갖게될 수 있었던 것은 그의 능력에도 기인하지만, 영부인 틴(Tien) 여사의 여동생과 결혼, 수하르토와의 인척관계(동서)가 소위 정치적인 배경으로 작용하였기 때문이다.

그는 참모총장으로 재직중에도 시간만 나면 골프장을 찾을 정도로 골프광으로 알려진 스포츠 맨이기도 하다. 그는 현역으로 있을때 체육회 산하의 유도협회장직을 맡아 오랫동안 일해 오기도 하였다. 그가 육군총장직에서 정년으로 예편하게 되자, 국가체육회(KONI) 회장으로 자리를 옮기게 된 것도 그가 스포츠를 좋아하기 때문인 것 같다.

그가 정치적인 배경을 지닌 영향력 있는 인사로 주목을 받게 되자, 그 주변에는 많은 사람들이 모여들면서 문전성시를 이루었다. 일례로서 평소부터 그를 아끼고 좋아하는 군인, 사업가 등이 주축이 되어 '인디펜던트'(Independent) 골프모임이 결성되었으며, 이들은 매월 한차례씩 모여서 운동을 통해 친분관계를 다져 나가고 있다.

인도네시아에는 고위급 인사들이 단골로 출입하는 골프장이 몇군데 정해져 있다. 수하르토 대통령은 100여년의 역사를 자랑하며 도심 한가운데 위치한 라와망운(Rawa-mangun) 골프장을 즐겨 이용하고 있고, 전직 부통령을 지낸 고위인사들은 주로 스나얀(Senayan) 골프장을 애용하고 있다. 반면에 위스모요 장군은 시내 북쪽의 해변가에 있는 안쫄(Ancol) 골프장을 즐겨 찾고 있는데 그는 골프장의 캐디들에게 항상 후한 팁을 안겨주는 인심좋은 골퍼 중의 한사람으로 알려져 있다.

필자의 가까운 친구가 되다.

해외공관에 근무하는 국방무관이 주재국 군부 인사를 만나거나 군부대를 방문하기 위해서는 반드시 무관 연락실을 통해서 사전 허가를 받아야 한다.

그러나 필자는 1978년 인도네시아 육군대학에 재학시 위스모요 총장과 1년여 동안 동문수학한 가까운 친구이자, 동기생의 관계였으므로 이러한 복잡한 절차없이 언제라도 그를 만날 수 있었기 때문에 다른 외국무관들의 부러움을 사곤 하였다.

어느날 저녁, 참모총장 관저에서 거행된 리셉션에서 정보참모인 하디(Hadi) 소장은 필자를 가리키면서 "한국 무관은 참모총장과 친구관계이므로 총장 집무실은 물론, 관저에까지도 마음대로 출입하고 있는데 이러한 예는 세계 어느 나라에도 없을 것"이라고 자랑삼아 얘기한 적이 있었다. 해외공관의 무관이 주재국의 군 고위층과 가까운 교분관계를 유지할 수 있다는 것은 군사외교활동에 있어서 다행스러운 일이 아닐 수 없다.

최근 들어와 우리 군이 해외에 군유학생을 많이 보내고 있는데, 유학기간중 주재국의 군부인사들과 유대관계를 넓히고, 장차 무관으로서 군사외교활동에 크게 기여할 수 있다는 면에서 볼 때 바람직한 현상이다.

1994년 7월의 어느날, 당시 대령이었던 필자는 시내 근교에서 위스모요 참모총장과 골프를 하게 되었다. 그런데 느닷없이 그가 필자의 신상문제를 질문하는 것이었다. 내용인 즉 "인도네시아 육군총장이자 대장인 내가 한국의 대령급 무관과 어울리면 나의 체면이 어떻겠는가? 이 곳에 있는 한국 대사는 자신(참모총장)과 무관과의 관계를 잘 알고 있느냐"고 물었다.

필자는 얼떨결에 "한국의 국방부를 대표하고 있는 무관인데 계급이 무슨 상관인가"라고 변명하였지만, 당시의 곤혹스러움은 말로 표현하기 어려울 정도였다.

그가 그렇게 말한 것은 다름아니라, 참모총장인 자기와의 친분관계가 필자의 승진에 도움이 될 것으로 보는데 왜 그렇게 승진이 늦어지는가 하는 염려의 뜻에서 한 것이었다.

필자는 이렇게 사려깊고 진실한 친구를 가질 수 있었다는 것이 얼마나 다행스럽게 느껴졌는지 모른다. 그가 현역에서 예편한 다음, 국가 체육회(KONI) 회장으로 자리를 옮긴 후에도 그와의 우정은 계속되고 있다.

어느날 그의 측근 인사중의 한 사람이 다음과 같은 말을 필자에게 건넨 적이 있다.

"인도네시아 군의 장군이라면 무엇보다 정치적인 감각이 중요한데, 위스모요 장군의 경우는 전형적인 야전군 지휘관 스타일이라서……." 라고, 그의 특이한 성품을 우회적으로 얘기하는 그의 주장에 새삼 수긍이 가고도 남는다.

서울방문에 이어 군용차를 도입하기도

해외공관에서 근무하고 있는 무관은 군사외교 활동이외에 우리나라 방산품의 해외수출을 측면에서 지원하는 임무도 수행하고 있다.

한번은 참모총장실을 방문하여 한국에서 생산되는 군용 트럭의 우수한 성능에 대해 설명한 적이 있다.

그러자, 그는 외국무관이 상사요원도 아닌데 어떻게 방산품을 선전(?) 하느냐고 놀라움을 표시하였다. 사실 그는 무관의 기능에 대해서 잘 모르고 있어 이러한 설명이 의외였을 것이다. 결국 위스모요 장군의 배려에 힘입어 한국산 군용 트럭이 상당량 이곳 육군에 처음으로 수출되어 1995년 인도네시아 국군의 날 행사장에서 그 모습을 드러낸 바 있다.

위스모요 장군이 1993년에 참모총장으로 부임한지 6개

월도 채 안되었을 때, 필자는 그의 서울방문을 추진하게 되었다. 군부의 최고 실력자로 관심이 집중되고 있던 그가 서울을 방문하게 되면 여러 모로 우리나라에 도움이 될 것으로 판단하였기 때문이다.

여러차례 설득한 끝에 마침내 위스모요 장군의 방한이 이루어지게 되었다. 서울에 체재하는 동안 그는 육군특전사를 방문하였다. 특전부대에서의 오래 근무하여 이 분야에 각별한 관심을 갖고 있던 그로서는 북한과 대치하고 있는 우리나라 특전부대의 용맹스런 모습을 보고 많은 감명을 받았던 것 같다. 무술시범과 훈련모습을 참관하고는 즉석에서 인도네시아의 특수전 요원들을 대상으로 훈련을 시켜달라고 간청할 정도였다.

그후 양국 특전사 부대원들이 교환방문하게 됨으로써 그의 서울방문의 성과가 결실을 맺었으며, 이로 인해 양국간의 군사교류가 가일층 발전하게 되었다.

6) 수마트라 출신의 탄중 장군

동 티모르(Timor) 사건의 진상 조사단장으로서

1995년초 탄중(Tanjung) 통합군사령관은 위스모요 육군총장이 정년을 맞게 되자 자신의 거취에 신경이 곤두세

워졌다. 당시 언론은 위스모요 장군이 상위직인 통합군사령관으로 승진하느냐, 아니면 예편되느냐 하는 문제에 초점을 맞추고 있었기 때문이다.

결과는 위스모요 장군이 예편되고, 후임 참모총장으로 하르토노 장군이 임명됨으로써 정년을 앞둔 탄중 장군은 정년 연장과 함께 통합군사령관직을 계속 맡게 되었다.

▲ 탄중 장군. 1939년 수마트라 출생. 현 통합군사령관

군 장성급의 정년은 계급에 구애없이 55세까지다. 그러나 통합군사령관 등 주요직책에 대해서는 필요할 경우에 대통령이 정년을 1년씩 연장할 수 있도록 되어 있다.

탄중 장군이 1991년에 육군대학 총장(소장)으로 있을 때만 하더라도 그의 이름은 군내에서도 잘 알려지지 않았다.

그에게 행운을 가져다 준 것은 바로 '동 티모르 사건'이다.

'동 티모르 사건'은 1991년 11월에 군의 과도한 진압과정에서 이 지역주민 50여명의 사상자가 발생한 대규모 유혈사태로 인권차원에서 국내외로부터 비난이 쏟아져 정부에서는 진상 조사단을 급파하지 않을 수 없었다.

이때 정부의 진상 조사단장으로 발탁된 탄중 장군은 사태수습 방안에 대해 원만하게 건의하여 수하르토 대통령으로부터 능력을 인정받게 되었다. 그후 곧 그는 통합군사령부의 일반 참모장(중장)으로 승진되었고, 1993년에는 에디 통합군사령관 후임으로 군의 최고위직에 오르게 되었다. 그는 '동 티모르 사건'을 원만히 처리함으로써 일약 유명해졌으며, 군부내에서의 성장기반을 마련한 것으로 보인다.

  군부의 '얼굴마담' 역

  통합군사령관과 육군총장은 서열 1, 2위에 해당되는 군최고위직으로서 쌍벽을 이루고 있으며, 통합군사령관은 군의 작전 지휘권을 행사하고 있다. 그러나 육군총장은 군의 핵심직위이기 때문에 전통적으로 자바지역 출신들이 줄곧 이 자리를 차지해 왔다.
  이것은 군의 최고사령탑 격인 통합군사령관과 육군총장간의 역학관계를 서로 견제토록 함으로써 통치권자의 입장에서 볼때 '안전장치' 역할을 기대하는 측면이 있기 때문이다.
  일반적으로 탄중 통합군사령관은 군부의 실세로는 알려져 있지 않다. 우선 그는 출신지역이 자바가 아닌 수마트라 태생인데다가, 군의 인맥상으로 보아 특전사령부 출신도 아니다. 군부를 대표하는 '얼굴 마담'으로서의 역할만이 그에게 어울릴지도 모른다.
  과거부터 군부와 밀접한 관계를 유지하고 있는 정부부처

7. 신질서(New Order) 시대의 군부

는 과학기술성이다. 과학기술성은 국가전략산업이면서 군수산업체인 항공기 제작회사(IPTN), 조선소(PT. PAL), 조병창(PINDAD) 등을 관장하고 있는 부서이기 때문이다. 그러나 실제로는 군과의 협조관계는 원활히 이루어지지 못했다. 더욱이 1980년대에 들어와서 하비비 장관과 국방성(군부) 사이에는 심한 갈등관계가 표출되기 시작하였다.

군에서 소요되는 각종 군사장비의 해외도입을 둘러싸고 하비비 장관이 이 문제들을 독단적으로 처리한 것이 발단이 되어 군부로부터 반감을 사게 된 것이다.

이러한 불편한 관계는 1993년에 극한 상황으로까지 발전되었다.

인도네시아 해군에서 독일로부터 도입키로 한 중고함정 39척이 하비비 장관의 일방적인 결정에 의해 추진되면서 해군측으로부터 심한 불만을 사게 되자, 결국에 가서는 군부와의 관계가 최악의 상태로까지 치달은 적이 있었다.

그러나 탄중 장군이 통합군사령관이 된 다음부터는 이러한 갈등관계가 표면적으로나마 크게 개선되었다고 볼 수 있다. 즉 1993년에 군 지도부가 새로이 임명이 되자마자, 하비비 장관은 이러한 관계를 의식한 듯 전례없이 통합군사령부를 포함하여 육·해·공군본부를 차례로 방문하여 협조를 구하는 등 군 지도층과의 갈등완화를 위해 노력하고 있어 과거와 다른 모습을 보여 주었다.

그뿐 아니라, 1996년 9월에 하비비 장관은 이례적으로 탄중 통합군사령관 등 군 고위장성들을 대상으로 '21세기의 인도네시아'라는 제목의 강연회를 가진 바 있다. 이 모임이 비록 수하르토 대통령의 특별 지침에 따라 주선된 것으로 알려졌지만 군부와의 미묘한 갈등관계를 해소키 위한 제스처로 보는 경향이 지배적이다.

탄중 장군은 육군대학 총장과 통합군사령부 참모장 시절에 몇차례 방한한데 이어서 1995년에는 통합군사령관으로서 서울을 한차례 더 방문하여 우리와 더욱 친숙해지고 있는 인도네시아 장군중의 한 사람이다.

7) 정치감각이 뛰어난 하르토노 장군

이슬람권과 원만한 관계

육군참모총장의 경우는 대개 육군 서열 2위인 참모차장이 승진하면서 이 자리를 이어 받아 왔다. 1995년 위스모요 총장이 퇴임하게 되자 그 후임총장에는 당연히 당시 참모차장이자, 수하르토의 전속부관을 거친 수르야디(Soer-jadi) 중장이 임명되리라는 것이 일반적인 예측이었다.

그러나 이 같은 전망과는 달리 후임 참모총장에 통합군사령부의 정치사회담당 참모장인 하르토노(Hartono) 중장이 내정됨으로써 놀라움을 안겨주었다.

▲ 하르토노 장군. 1941년 마두라 출생, 현 육군참모총장

일반적으로 참모총장직에 오른 인사들은 군 경력 면에서 특전사령부에 근무한 경력이 있거나, 특전사령관을 거친 인물이 많은 편이다. 그러나 하르토노 장군의 경우는 지역사령관 이외에 군 요직을 경험하지 못한 예외적인 군인으로서 인맥구성으로 보아 군을 장악하는데는 다소 어려움이 있을 것으로 평가하는 사람도 있었다.

하르토노 장군이 참모총장으로 임명되었다는 발표가 나오자, 1995년 2월 13일자 Jakarta Post지는 "서로 반목관계에 있었던 군과 이슬람단체인 '이찌미'(ICMI)를 주도하고 있는 하비비 장관과의 관계에 원만한 변화가 예상된다"고 논평하면서 특히 독실한 이슬람 신자이기도 한 그가 수라바야 지역의 군사령관으로 재직하면서 이슬람 지도급 인사들과 긴밀한 관계를 유지해 온 것이 육군참모총장 임명에 크게 작용된 것으로 분석하였다.

한편, 호주의 인도네시아 정치분석가인 크로치(Crouch. H)는 "하르토노 육군총장이 수하르토의 신임을 받고 있어 차기 부통령으로 내정될 것으로 전망되고 있다"고 성급한 결론을 내린 적이 있다. 이와 같은 분석은 과거의 전례를 보아 군 출신

중에서 부통령이 지명될 가능성이 높다는 추측에서 나온 것으로 보여진다.
 이와 같이 하르토노 장군이 육군총장으로 임명된 것은 다가오는 총선거와 대통령선출 등의 정치일정을 앞두고 있는 시점에서 대단히 중요한 의미를 갖는다. 국민여론을 주도하고 있는 이슬람 세력권과 긴밀한 관계유지가 국내정치를 안정시킬 수 있는 중요한 변수가 되고 있기 때문이다.

선거 유세장에 선 하르토노 장군

 하르토노 장군은 1996년 3월에 중부 자바의 선거유세장에서 집권여당인 골카르(Golkar)를 상징하는 황색자켓을 착용하고 "군은 골카르를 지지한다"고 선언하여 그 자리에 참석했던 다른 고위장성들의 얼굴을 붉히게 만든 적이 있다.
 이러한 지지발언은 차기 총선거에서 70%이상의 득표를 겨냥하고 있는 골카르당으로서는 퍽 고무적인 일이 아닐 수 없었을 것이다.
 그러나 하르토노 장군의 공개적인 지원유세는 군의 전통적인 선거중립을 훼손시켰다는 비판을 야기하였으며, 평소에 신중하기로 이름난 에디 국방성장관마저도 군은 어느 특정정당의 소유물이 아니라고 비난하는 사태로까지 발전하였다.

하지만, 하르토노 장군은 이에 구애됨이 없이 다시 장병 부인들을 모아놓고 군은 골카르당에 투표해야 할 도덕적인 의무가 있다고 발언하여 재차 물의를 일으켰다. 이와같은 군의 여당 지지에 대한 발언은 과거 유례가 없는 일이기에 그 배경에는 고위층의 묵인이나 후원이 있었을 것으로 추측되고 있다.

1996년 9월 13일자 Asiaweek지에서 하르토노 장군과 수하르토의 장녀이면서 골카르당의 부의장인 투툿(Tutut) 여사와의 관계에 대해 국내의 저명한 이슬람 지도자인 와히드(Wahid)의 말을 인용하여 보도하였다. 즉 "투툿 여사가 지난 8월에 동부 자바 지역의 이슬람 지도자들 앞에서 하늘이 도와준다면 하르토노 장군이 차기 대권후보로 지명될 수 있을 것이라고 공개적으로 지지한 발언은 그녀와의 특별한 관계를 암시하는 것"이라고 강조하였다.

일부에서는 집권여당이 과거의 저조했던 지지율을 끌어올리기 위한 총선전략의 하나로 군을 끌어들이는 것으로 평가하고 있다.

그러나 하르토노 장군의 이러한 발언은 집권여당에 대한 일종의 정치적인 제스쳐라고도 볼 수 있으나, 군이 선거지원을 공개적으로 표명하였다는 점에서 앞으로 남은 수하르토 집권 말기에 어떠한 정치적인 파장을 미치게 될지 관심이 되고 있다.

3. 새로운 군부 실세

1) 대통령의 전속부관 출신들

인도네시아 군부의 영향력있는 인사라고 하면 집권층과 어떤 관계에 있느냐에 따라 그들의 장래를 쉽게 가늠할 수 있다.

인도네시아 대통령은 전통적으로 육·해·공군 및 경찰군의 대령급 장교 4명을 전속부관으로 골고루 두고 있다. 이 전속부관은 통합군사령부의 장교보직의 하나로서 엄격한 심사를 거쳐서 선발된다.

최근 군 인사의 양상을 보면 참모총장으로 발탁되는 인사들이 수하르토 대통령의 전속부관을 역임한 측근 인사들이 대부분이다. 이는 수하르토가 이미 30여년 동안 장기간에 걸쳐 권좌를 지켜왔기 때문에 어느덧 그의 전속부관들이 군 고위직으로 진출할 시기가 도래하였다는 의미가 된다. 트리 부통령이 수하르토의 전속부관을 역임한 대표적인 인물이라고 할 수 있으며, 이외에도 1996년 3월 경찰군사령관으로 임명된 위도도(Widodo)중장과 과거 해군참모총장을 지낸 탄토(Tanto) 대장 등이 전속부관 출신이다.

이러한 추세를 고려할 때 수하르토의 측근인 전속부관 출신인사들이 주축이 되어 당분간 군부를 이끌어 갈 것으로 예상되고 있다. 더욱이 그들은 개인적인 자질이나 능력면에서도 뛰어나 여러모로 요직에 기용될 수 있는 충분한 요건들을 구비하고 있다.

1993년 4월 16일자 군 기관지인 AB지는 육군특전사령부 창설에 즈음하여 대통령의 전속부관을 역임하거나 특전사령부를 거친 출신 장교들이 군 요직에 상당수 진출하고 있다고 지적하였다. 즉 "대통령의 전속부관은 능력과 자질을 구비한 우수한 장교중에서 선발될 뿐 아니라, 대통령과 가장 가까운 위치에서 국정수행 능력을 배울 수 있다"고 그 배경에 대해서 설명하고 있다.

현재 인도네시아 군부의 실세로는 장차 군요직에 기용될 것으로 예상되고 있는 전략사령관 위란토(Wiranto) 중장과 제 4 지역사령관 수바기오(Subagio) 소장 등이 있으며, 이들은 공통적으로 수하르토의 측근에서 전속부관을 거친 바 있다.

특히 수바기오 소장은 1980년에 동 티모르 작전에서 공적을 인정받아 대위에서 소령으로 특진되었으며, 1981년에 태국 방콕에서 일어난 인도네시아 가루다(Garuda) 국영항공기 납치사건에 대한 작전 성공으로 다시 소령에서 중령으로 두 차례에 걸쳐 특진한 용맹스러운 장군으로 유명하다.

대통령의 전속부관 출신의 경우 대다수가 군의 요직으로 알려진 특전사령관, 전략사령관 등을 으례히 거치게 마련이며, 후에 이들은 참모총장으로 까지 승진의 기회도 무난하다고 볼 수 있다.

이러한 군의 중요 포스트에 대한 임명은 능력면에서 보다는 정치적인 배려가 더 크게 작용하는 것으로 봐야 할 것이다.

지난 1995년 4월 자카르타 외곽에 위치한 육군특전사에서 거행된 창설기념식은 특이한 진풍경을 보여주었다. 군부대 행사라기 보다는 정부행사로 착각될 정도로 각료급 인사만 4~5명이 참석한 가운데 요란스럽게 치루어졌는데 이는 육군특전사가 대통령의 친위부대로서 명실공히 인도네시아 정치권력의 산실역할을 하고 있기 때문이다.

그리고 특전사령관으로 새로이 임명되면 대통령과 개별인사를 나누는 특별한 전통이 있는 것도 이러한 연유에서이다.

2) 차세대 엘리트들

국립 인도네시아대학교의 정치학자인 아밀(Amil) 교수는 인도네시아 군이 직면하고 있는 가장 큰 문제점의 하나로 유능한 인적자원의 부족을 지적하고 있다. 과거 육군참모총장을 역임한 루디니 장군도 장차 인도네시아 군은 국민들의 의식수준의 향상과 정치적인 요구의 증폭으로 지금의 상황과는 비교할 수 없을 정도의 엄청난 도전을 받게 될 것이라고 경고한 바 있다. 뒤집어 말하면 군에서도 앞으로의 정치, 사회적인 변화추세에 대응할 수 있는 보다 지적수준이 높은 인재가 필요하다는 것이다.

아밀 교수는 "장차 유능한 군 지도자를 확보하지 못할 경우에 군의 이중기능은 실패를 면치 못하게 될 것"이라고 경고하고, 현재 군의 중견장교로서 지적수준을 갖춘 몇 사람을 열거하였다. 이들은 특전사령관인 프라보오(Prabowo) 장군을 포함하여 거의 같은 시기에 육사를 졸업하고 차세대 엘리트로 부상되고 있는 유도요노(Yudhoyono), 슬라멧(Slamet), 아드난(Adenan) 장군 등이다.

그중 프라보오 장군은 1995년말 44세의 최연소 나이에 준장으로 승진이 되어 세인의 이목을 집중시킨 바 있다. 그는 저명한 경제학자인 수미트로(Sumitro) 교수의 아들로서 수하르토 대통령의 사위이기도 하다.

그의 부대는 1996년 5월 이리안 자야 지역에서 반정부단체에 의해 납치된 인질 11명을 구출하는데 공로를 세워 작전 참가자 전원이 특진의 혜택을 받게 되었으며, 그 자신도 준장에서 1년도 못되어 소장으로 승진하게 되었다.

이보다 앞서 그는 지난 1978년에도 동 티모르에서 작전임무 수행중에 반정부 후레틸린(Fretilin) 조직의 두목인 로바토(Lobato)를 생포함으로써 한차례 특별승진된 바 있다.

그는 또한 특전사령부에서 잔뼈가 굳은 군인으로서 미국, 독일 등지에서 특수전 분야의 교육과정을 이수할 정도로 강인한 체력과 정신력을 지니고 있다. 그리고 명철한 두뇌와 결단력 있는 성품은 군내에서도 인정을 받고 있어 정치학자들까지 그의 거취에 관심을 보이고 있다. 그에 대한 보직이나 승진 경로는 예정된 수순을 밟아가고 있으며, 명실공히 인도네시아 군의 '떠오르는 별'로서 주목을 받고 있다.

1996년 3월에 육군의 주력부대인 전략사령부의 부대규모를 군단급으로 격상시켜 부대장의 계급을 소장에서 중장급으로, 그리고 프라보오 장군이 맡고 있는 특전사령부도 준장에서 소장급으로 끌어올린 배경도 이를 뒷받침하고 있다고 볼 수 있다.

1980년대 초 전략사령관이었던 루디니 중장이 전략사령관에서 참모총장으로 곧장 승진한 선례가 있다. 군 관계자들은 프라보오 장군도 이러한 과정을 밟아나가게 될 것으로 전망하고 있다.

한편 1996년 7월 12일자 Asiaweek지는 "군이 정치와 밀접히 얽혀있는 인도네시아에서 장군의 승진은 사실상 정치적인 임명을 의미하고 있다. 자카르타에서는 프라보오 장군이 얼마 안있어 소장에 이어 최고 계급에까지 승진이 예정되어 있다는 설이 나돌고 있다. 심지어 어떤 사람은 수하르토가 프라보오 장군을 후계자로 선정할 것이라고도 말한다. 수년후에는 그럴 수 있을 것이나, 당분간 프라보오 장군은 자신의 급속승진에 대한 동료장교들의 불만을 어떻게 무마해 나가느냐가 중요한 과제"라고 지적하였다.

프라보오 장군과 동년배인 유도요노 소장은 미국에서 군사과정을 이수한 엘리트로서 프라보오 장군과 같은 시기에 준장으로 승진된 후 1년도 채 못되어 1996년에 소장으로 특진되어 지역사령관에 임명되는 행운을 잡았다.

그리고 아드난, 슬라멧, 아구스 등은 미국 하바드 대학에서 석사 과정을 이수하였으며, 삼술, 심볼론 대령도 해외에서 교육을 받은 육군의 차세대 엘리트로서 새로운 인맥을 형성하고 있어 주목되고 있다.

이러한 젊은 엘리트들의 급속한 진출은 군의 세대교체를 가속화시켜 군부에 참신한 바람을 불러 일으킬 것으로 예상되고 있으나 이에 따른 부작용 역시 만만치 않을 것으로 보인다.

4. 권력승계와 군부

1) 권력승계 준비는 되어 있다

국민협의회(MPR)는 매 5년마다 대통령과 부통령을 선출하기 위해 전체 대의원 1,000명이 모임을 갖는다.

수하르토가 지난 1993년에 6차 연임 대통령으로 추대될 때 국민들은 수하르토의 건강문제를 크게 의식한 나머지, 러닝 메이트인 부통령은 후계자로서의 능력과 자질을 구비한 인물을 원하였다.

이에 따라 수하르토는 육군총장과 통합군사령관 등 군 요직을 역임하고, 자신의 전속부관을 거친 트리(Try) 장군을 부통령으로 내정함으로써 후계문제에 대한 국민들의 우려와 걱정을 일단 진정시켰다. 그러므로 지금까지의 유력한 후계자는 트리 부통령으로 준비되어 있다고 보아야 할 것이다.

그러나 1996년 4월에 영부인 틴(Tien) 여사가 갑작스럽게 서거하여 정가는 다시 후계문제로 술렁이고 있다. 즉, 지난 30년간에 걸쳐 집권한 고령의 수하르토가 앞으로 얼마나 오랫동안 권좌에 머물을 것이며, 그리고 그를 계승할 후계자로 새로운 제3의 인물이 다시 등장하게 될 것인지에 관심이 쏠리고 있는 것이다.

인도네시아의 속담에 "우산은 비가 오기 전에 사용할 준비가 되어 있어야 한다"라는 말이 있다.

후계자에 대한 대비는 국민들보다도 당사자 자신들이 사전에 준비해야 하는 법이다. 인도네시아의 어느 정치분석가는 "현재 후계문제에 대해 가장 깊이 생각하고 있는 사람은 수하르토 자신이다. 다만, 수하르토를 이어 받을 강력한 인물이 없으므로 우리는 수하르토 이후를 대비해야 한다"고 말하고 있다.

수하르토 측근인사의 한사람도 "수하르토는 앞으로 몇년을 더 집권하느냐가 문제가 아니라, 집권 후반기를 어떻게 마무리 하느냐가 더욱 중요하다"고 강조하고 있는 것을 볼 때 후계체제 대비를 위한 작업이 서서히 진행되고 있음을 알 수 있다.

바야흐로 인도네시아는 수하르토가 지난 30년간에 이룩한 정치적인 안정을 지속적으로 유지하면서 순탄하게 권력 이양을 해 나가야 할 대단히 중요한 시기를 맞고 있는 것이다.

2) 아리송한 후계구도

5년을 주기로 하여 총선과 함께 대통령 선출시기가 다가

오면 인도네시아 사회전체는 정치 열기로 달아오른다. 그러나 앞으로의 정치전망은 실로 예측키 어려운 상황이다.

1995년 4월에 수하르토의 측근인사로 알려진 수도모(Sudomo) 최고자문위원장은 그동안 잠잠해 있던 차기 대권 문제에 대해 처음으로 언급한 바 있다.

그는 차기 대선에 수하르토의 재출마 가능성을 시사하면서 "수하르토는 다음 부통령 후보로 군 출신보다는 민간출신을 원하고 있는 것 같다"는 아리송한 견해를 피력 하였다.

이에 따라 언론에서는 그가 피력한 '민간출신'의 진의에 대해 구체적인 인물까지 거론하면서 연일 추측기사와 논평을 내보내기도 하였다. 언론이 수도모위원장의 단순한 견해 피력에 대해 예민한 반응을 보였던 것은 그가 대중적인 효과가 있는 충격적인 뉴스를 잘 만들어 내는 뉴스 메이커로 정평이 나 있기 때문이기도 하다.

지난 수년동안에 걸쳐 수하르토 정부는 군부를 정치영향권으로 부터 점차 배제시키기 위해 노력해 왔음을 엿 볼 수 있다. 정부각료 등 요직에 대한 인사를 보더라도 이를 충분히 짐작할 수 있다. 이는 수하르토가 정권의 교체시기를 앞두고서 군의 관리능력에 의구심을 갖고 있는지, 아니면 민주화 추세에 맞추어 군부통치국가라는 이미지를 불식시켜 보려는 의도인지 알 수는 없다. 그러나 분명한 것은 정권이양을 순조롭게 추진하기 위해서는 파워 집단인 군부의 영향력을 결코 과소 평가 할 수 없다는 사실이다.

1996년 1월 18일자 Economic Review지는 "현재 정부의 관료 조직이나 정당조직이 제대로 성장하지 못하고 대체세력으로서의 결집력도 제대로 갖추지 못하고 있어 일단의 젊은 장교들이 은밀히 수하르토 이후의 권력승계에 대한 시나리오를 구상하고 있다. 그러나 이러한 일은 수하르토와 그 측근들의 강한 의혹을 받을 수 있기 때문에 공개적인 추진에 제약을 받고 있다"고 보도한 바 있다.

그러므로 다가오는 대선에서는 과거 어느때 보다도 후계문제가 현실적인 문제로 대두될 것이다. 따라서 1998년에 수하르토의 7선 연임이 기정사실 처럼 받아들여지고 있으며 70세 후반의 고령 때문에 그의 마지막 집권기간이 될 것이라고 보는 견해가 지배적이다. 일부에서는 2003년까지 차기 대통령의 임기 5년을 다 채우기전에 적당한 시기를 택해 잔여임기를 부통령에게 넘길 가능성도 큰 것으로 추측하고 있다.

헌법상 부통령은 대통령 유고시에 잔여임기동안 대통령직을 계승토록 되어 있어 차기 부통령은 곧 수하르토의 후계인물로서 대권을 이어 받을 수 있는 위치에 있어 과거의 부통령 보다도 역할이 더욱 클 것으로 예상하고 있다. 이러한 이유로 차기 부통령으로 누가 선출될 지에 대해 관심이 모아지고 있다.

▲ 차기 대권후보로 오르내리고 있는 3대 거목들
(좌로부터 트리 부통령, 하비비 과기성 장관, 하르모코 집권당 총재)

1997년 1월 3일 자 GATRA지는 차기 부통령 후보군에 속해있는 트리 부통령, 하비비 과학기술성장관, 하르모코 공보성 장관 등 6-7명에 대해 전국대학생 및 대학교수 1,000명을 대상으로 실시한 설문조사 결과를 발표하였다. 조사결과는 트리와 하비비가 가장 선호도가 높은 것으로 나타났다. 그러나 수하르토가 과연 누구에게 마음을 두고 있느냐가 무엇보다도 중요한 관건이 되고 있어 최종 지명 발표가 있기까지는 어느 누구도 예측할 수 없는 상황이라고 볼 수 있다.

한편, 수하르토의 측근 각료이기도 한 하비비 장관도 1996년 11월에 "수하르토의 집권 30년간의 공적은 대단하다. 앞으로 그가 퇴임후에 쉴 수 있는 여유를 주는 것이 현명하다고 생각된다. 이제 인도네시아는 젊은세대의 국가지도자를 필요로 하고 있다"고 강조하였다. 이는 수하르토가 7선을 마지막으로하여 권력승계 준비가 진행되고 있음을 사실상 시사하는 발언이다.

  세계 최장수 대통령의 한사람으로 손꼽히고 있는 수하르토 이후를 겨냥한 세대교체 바람은 이제 더이상 피할 수 없는 기정사실로서 눈앞에 다가오고 있음을 피부로 느낄 수 있다.

  어쨌든 '포스트 수하르토'에 대한 대안으로 현재까지 세간에 오르내리고 있는 인사들은 모두 그동안 수하르토가 키워온 '수하르토 사람'이라는 점은 분명하다. 게다가 앞으로 후계체제에 대비하고 있는 군부인맥도 마찬가지이다. 결국 여러가지 불확실성에도 불구하고 '수하르토 사람' 중심으로 구성된 현체제가 앞으로 상당기간 지속될 것이라는 것이 대체적인 분석이다.

3) 군부의 지지가 최대 변수

  인도네시아 정치풍토의 한 단면을 잘 반영하고 있는 국가 지도자로서의 자격요건에 대해 불문율과 같은 말이 있다. 즉, 국가 지도자가 되기 위해서는 "출신지역이 자바(Jawa)이어야 하고, 종교는 이슬람이어야 하며, 그리고 군부출신이거나 군부의 지지를 받아야 한다"는 것이다.

첫째, 자바지역은 인도네시아 전체인구의 절반 이상이 집중되어 있는 정치, 문화의 중심지로서 이 나라의 심장부에 해당된다. 초대 수카르노 대통령은 동부 자바 출신이며, 수하르토는 중부 자바 출신이다. 독립 이후부터 지금까지 자바 출신이 대통령을 포함하여 정계요직을 사실상 석권해 온 것이다. 이러한 자바사람들의 지역적인 우월감은 지역감정으로 확산되어 지역간의 반목현상을 유발시킬 수 있는 소지도 다분히 내포하고 있는 것이다.

정부에서는 지역간의 조화와 균형된 발전을 위해 나름대로 안간힘을 기울이고 있고, 정부나 군부의 요직인사에서 지역안배의 원칙을 확대 적용시키고 있는 것도 이러한 이유에서이다. 그러나, 아직까지는 절대 다수의 자바출신의 인사가 정책적인 배려에 의해서 정부요직에 기용되고 있는 것이 사실이다.

둘째, 종교적인 관점에서 국민의 대다수가 이슬람이기 때문에 국가 지도자가 되기 위해서는 반드시 이슬람을 신봉해야 될 뿐 아니라 이슬람계층으로부터의 지지는 필수 불가결한 요건중의 하나이다. 이슬람 중심으로 결성된 야당성향의 통일개발당(PPP)이 있듯이 이슬람 조직은 인도네시아 정치를 좌우하는 중요한 정치집단이기도 한 것이다.

국내의 대표적인 이슬람 조직으로는 '나흐다툴 울라마' (NU), '무함마디아'(Muhammadiyah) 그리고 '이찌미'

(ICMI) 등이 있는데, 이들은 강력한 여론주도집단으로서 앞으로 인도네시아의 정치향배에 결정적인 역할을 해 나갈 것으로 보여진다.

　NU는 1926년에 결성된 인도네시아 최대의 이슬람 조직이며 약 3,500만명의 회원이, 그리고 '무함마디아'는 NU보다도 훨씬 이전인 1912년에 결성되었으며 약 2,800만명의 회원으로 구성되어 있다.

　한편, '이찌미'(ICMI)는 1990년에 결성된 이슬람 지식인의 단체로서 현직장관을 포함하여 고위공무원들이 상당수 참여하고 있으며, 국가발전을 지원한다는 취지하에 약 4만명의 회원으로 구성되어 있다. 이 조직은 종교적인 성향보다는 정치적인 성향이 대단히 강한 것으로 알려지고 있으며, 하비비 장관이 '이찌미'의 회장직을 맡아오고 있다.

　셋째, 국가 지도자가 되기 위해서는 무엇보다 군부의 지지가 있어야 된다. 이는 군부대표 의원이 국회내에서 강한 영향력을 발휘하고 있는 것을 보더라도 알 수 있다. 1993 부통령 후보를 선출할 당시에 국회내 4개 정파중의 하나인 군부에서 트리(Try) 통합군사령관을 부통령으로 추천한다고 제의하자, 야당에서도 자연스럽게 그를 부통령 후보로 지지한 일이 있어 군부의 입김을 짐작할 만하다.

　그러나, 수하르토의 후계자가 반드시 군 출신이어야 한다는 고정관념에서 벗어나려는 변화조짐도 일어나고 있다. 이는 군 출신들이 정부요직을 다수 장악함으로써 인도네시아가 마치 군부통치국가로 오해되는 나쁜 이미지를 씻어보려는 시대적인 변화로 볼 수 있는 것이다.

베니 무르다니 장군은 그의 자서전을 통해서 1993년 3월 수하르토 대통령이 국민협의회 개원 1주일을 앞두고 부통령 후보의 선택기준에 관하여 자신의 입장을 처음으로 밝혔다고 술회하였다.

"첫째로 부통령은 판짜실라 정신과 '45년 헌법'을 준수할 의지가 있는 자, 둘째로 유능한 능력을 구비한 자, 셋째로 국회의 모든 정파로부터 지지를 받을 수 있는 자, 넷째로 주요 정치사회단체로부터 지지를 받고 있는자, 마지막으로 확실한 공적이 있는 자 중에서 선출되기를 희망한다"고 암시하였다는 것이다. 이것은 수하르토가 이러한 조건들을 구비한 인사를 차기 부통령으로 선택하겠다는 자신의 의지 표명이라고 볼 수 있는 것이다.

한편 인도네시아가 장차 필요로하는 '국가 지도자 상'에 대해서 국내의 대다수 정치학자들은 정치적인 역량과 군부의 지지를 받고 있는 인물을 전제조건으로 내세우고 있다.

가자마다 대학의 아판(Afan) 교수는 차기 대통령이 갖추어야 할 자질에 대해 "민주주의를 신봉하며, 국가발전에 비젼을 가진 인사로서 개방적이며 경제산업 분야의 경험을 가진 군 (ABRI) 출신 또는 군의 지지를 받고 있는 인사여야 한다. 그리고 도덕적이며 민족주의와 카리스마를 가진 이슬람 신봉자여야 한다"고 주장하고 있다.

이러한 조건은 인도네시아의 현실과 당면한 국가목표 달성을 위해 필수적이라는 게 그의 설명이다. 이와 비슷한 의견으로 또 다른 학자는, "미래 국가 지도자는 정치적인 경험이 풍부하고 군부의 지원을 받고 있는 50대 초반이 적당하다"고 지적하였다.

그러나, 홍미로운 사실은 대부분의 학자 또는 저명인사들이 '여성 대통령'은 아직 이르다고 보고 있다는 점이다. 물론 필리핀, 파키스탄 등 아시아 지역에서 여성 지도자가 선출된 사례도 있지만, 인도네시아의 경우는 정치여건으로 볼 때 보다 어려운 점이 많다. 한 유력인사는, "이슬람이 대다수를 차지하고 있는 인도네시아는 종교적인 색채가 대단히 강한 국가이다. 만일 여성대통령이 탄생한다면, 특정한 종교행사에 여성대통령이 출입을 제한 당하는 우스운 일이 벌어질 수도 있을 것이다"고 말하고 있다.

인도네시아 사회는 아직 여성의 정치적 역할에 대해 회의적인 시각이 지배적인 것 같다.

이같은 현실여건에도 불구하고, 대표적인 여성 정치가이며, 인도네시아 민주당(PDI) 총재를 역임한 바 있는 메가와티(Megawati) 여사가 한때 차기 대권도전의사를 표명한 적이 있었다. 그리고 수하르토의 장녀인 투툿(Tutut) 여사도 골카르당의 부총재로서 정치일선에서 뛰고 있어 여성으로서 만만치 않은 포부를 보이고 있다.

제8장 가까운 이웃, 인도네시아

1. 우리와 가까워지고 있는 나라

　인도네시아는 방대한 국토, 많은 인구, 자원의 보고인 동시에 지정학적으로도 매우 중요한 위치에 자리잡고 있다. 그것은 인도양과 태평양을 잇는 국제적인 해상 수송로인 말라카 해협의 주요 관문을 지키고 있고 아시아와 대양주를 연결하는 중간지점에 있기 때문이다. 국제사회에서 인도네시아에 대한 비중을 높게 평가하고 있는 이유도 바로 여기에 있다.

　인도네시아는 비동맹을 중심으로 제3세계권과의 협력강화에 외교의 중점을 두어 왔으며, 1992년부터 3년간에 걸쳐 비동맹 의장국의 자격으로 비동맹 정상회담을 개최한 바 있다. 이 회의에서 인도네시아는 회원국간에 남남협력의 필요성을 널리 인식시키고, 서방 선진국에 대해 부채탕감 방안을 제시하는 등 비동맹권의 단합과 위상을 높이는데 기여하였다.

　그뿐 아니라 인도네시아는 아세안(ASEAN)의 주도 국가로서 캄보디아 분쟁 해결을 위한 평화회담의 주선과 필리핀 민다나오의 이슬람 자치권문제를 중재하는 등 국제사회에서의 외교적 역량을 강화해 나가고 있다.

그리고 1996년에는 세계 이슬람국회의(IOC)의 의장국으로 피선되어 이슬람권 국가들과도 긴밀한 협력관계를 유지하고 있다.

이러한 국제적인 위상을 고려할때 인도네시아는 앞으로 우리나라가 지속적으로 관심을 가져야 할 중요한 나라중의 하나임에 틀림없다.

경제적으로도 우리나라는 원유, 천연가스 등 주요 에너지 자원을 대부분 인도네시아로부터 수입하고 있고, 교역상의 상호 의존도 역시 해마다 높아가고 있는 실정에 있다.

따라서 현재 한.인도네시아 양국은 정치외교 뿐 아니라 경제교역, 문화 그리고 군사분야에 이르기까지 상호교류의 필요성을 공감하고 협력의 폭을 넓혀 나가고 있다.

더욱이 우리가 갖고 있는 자본과 기술을 인도네시아의 풍부한 자원과 노동력으로 접목시켜 상호 보완적인 협력관계를 증진시켜 나간다면 21세기를 앞둔 양국은 보다 다이나믹한 발전을 이룰 수 있을 것으로 확신한다.

2. 아세안과 비동맹 외교의 거점

▲ 1994년 11월, 인도네시아를 방문한 김영삼 대통령이 수하르토 대통령과 건배를 하고 있다.

우리나라와 인도네시아는 친서방 노선의 수하르토 정권이 들어선 다음해인 1966년에 이르러서 영사관이 처음 개설되었다. 이어 1973년 대사급의 외교관계가 수립되었으며, 1980년대 이후에는 전두환, 노태우 대통령의 인도네시아 방문과 1982년 수하르토 대통령의 방한, 그리고 1994년 김영삼 대통령의 인도네시아 방문 등 양국의 정상간 교류를 통해 정치와 외교 분야에 있어서 괄목할만한 발전을 이룩하였다.

인도네시아는 비동맹 중립주의를 표방하면서 남북한간의 등거리 외교노선을 통해 상주공관도 함께 유지하고 있을 정도로 외교적인 활동영역이 대단히 넓은 나라이다.

인도네시아가 중심이 되고 있는 '아세안 지역포럼'(ARF)에는 우리나라에서도 적극 참여하고 있다. '아세안 지역포럼'은 아·태 지역의 유일한 지역안보관련 대화 협의체로서 한반도 사태와 남지나해 문제 등을 다루는 다자안보외교의 장이 되고 있다. 이 협의체에서 우리나라는 '동북아 다자안보대화' 구상을 제안하여 포럼회원국들의 지지를 얻어냄으로써 안보외교의 큰 성과를 거둔 바 있다.

한편, 북한과 인도네시아는 우리나라보다 앞선 1964년에 외교 관계를 열었다. 그 이듬해에는 북한의 김일성과 수카르노 대통령이 상호방문을 할 정도로 한때 관계가 긴밀한 적도 있었으나, 1965년의 공산구테타사건 이후 친서방의 수하르토가 집권함으로써 급속히 냉각되어 소원한 관계를 면치 못하고 있다.

그러나 인도네시아는 우리나라와 실질적인 교류협력을 유지하면서도 비동맹 회원국인 북한이 국제사회에서 고립

되지 않도록 노력하는 등 북한의 위치를 어느 정도 고려하는 입장을 취해 나가고 있기도 하다.

1988년 이후 캄보디아 평화회담을 주선한 데 이어서, 인도네시아는 1993년에 비동맹 의장국으로서 북한 핵문제의 평화적인 해결을 위한 중재노력에도 적극 나선 바 있어 국제분쟁의 해결사로서의 역할도 톡톡이 해나가고 있다.

8. 가까운 이웃, 인도네시아

3. 긴밀한 군사교류

우리나라는 지리적으로 인접한 인도네시아 등 동남아 국가들과 정치, 경제분야에서의 기존 교류관계를 기반으로 하여 군사분야에서도 긴밀한 교류 협력을 확대시켜 나가고 있다.

우선 통합군사령부 정보본부와 안보정세에 대한 세미나를 정기적으로 개최하고 있고, 국방대학원생들의 교류방문

▲ 1994년, 한국 해군순항단사령관(한상기 제독)이 탄토 해군참모총장과 만나고 있다. (왼쪽이 필자)

▲ 한국을 방문한 탄중 통합군사령관
(1995년 10월 전쟁기념관에서)

은 물론 육·해·공군대학에 이르기까지 군 유학생을 교환하면서 활발한 교류가 이루어지고 있다. 특히 최근에 우리가 직접 건조한 함정을 타고 세계각지를 순방하면서 군함외교를 전개하고 있는 해군 순항단도 매년 인도네시아를 방문하고 있어 교류의 폭이 날로 넓혀지고 있음을 실감할 수 있다.

또한 인도네시아는 우리나라 방위산업 제품의 주요 수출시장으로서도 각광을 받고 있다. 1970년대 후반에 우리가 인도네시아 해군에 10척의 고속정(PSK)과 상륙정(LST)을 처녀수출한 것은 앞서 밝힌 바 있다.

아울러 우리나라는 인도네시아에서 조립생산하고 있는 CN-35 중형수송기에 대해 깊은 관심을 갖고, 양국간의 방산협력 증진 차원에서 이의 도입을 검토하고 있는 것으로 알려지고 있다.

하비비 과학기술성장관은 1995년 5월 필자와 직접 대담하는 자리에서 "인도네시아와 방산분야에서 협력이 가능한 나라로는 대만, 일본, 중국, 한국 등을 들 수 있으나, 정치체제나 외교관계 등을 고려할 때 가장 양호한 조건을 갖춘 나라는 바로 한국"이라고 강조한 적이 있다. 이 말은 인도네시아 방위 산업체를 총괄하고 있는 하비비 장관이 양국 방산분야의 협력 가능성이 대단히 높다는 것을 직접 언급하였다는 점에서 큰 의미가 있다고 본다.

4. 더욱 활발해진 통상과 자원협력

우리나라와 인도네시아는 1971년에 경제, 기술, 통상협력 증진에 관한 협정을 체결하여 경제협력분야에서 동반자적인 관계를 정립한 이후, 1981년에 건설협력 협정, 1987년에 임업협력 협정, 1991년에 투자보장 협정 등을 체결하여 양국 관계를 실질관계로 발전시켜 왔다.

최근에는 우리나라가 인도네시아를 주축으로 하는 아세안(ASEAN) 대화 상대국으로 참여하여 정치, 경제협력 관계를 더욱 다져 나가고 있다. 그뿐 아니라 우리나라는 인도네시아 원조자문그룹(CGI)에도 참여하여 1995년에 3,100만 달러를 원조한데 이어 1996년에는 3,900만 달러의 원조 제공을 약속한 바 있다.

이러한 경제협력 분야의 관계증진이 통상교류의 확대로 연결되고 있어 양국은 상호 주요 교역상대국으로 부상하고 있다.

1995년에 양국의 교역현황을 보면 우리나라는 인도네시아로 부터 약 33억 달러를 수입하고, 약 30억 달러를 수출하여 전체 교역액이 63억 달러를 상회하고 있으며 해마다 증가 추세에 있다.

이제 우리나라는 인도네시아에 있어서 4번째로 큰 교역 상대국이 되고 있다.

주요 교역품목은 원유, LNG, 목재, 펄프 등 기초원자재를 인도네시아로부터 수입하고 있으며, 우리나라는 인도네시아에 철강, 일반기계류, 섬유제품, 직물 등을 수출하고 있다.

한국.인도네시아 통상관계(한국기준)

(단위 : 백만 달러)

연도 구분	1991	1992	1993	1994	1995
수 출	1,349	1,935	2,095	2,540	2,958
수 입	2,052	2,292	2,588	2,843	3,325
총교역	3,401	4,227	4,683	5,383	6,283
수 지	-703	-357	-493	-303	-367

※ 출처 : 한국 관세청(1996년)

자원협력 분야에서도 인도네시아는 최대의 LNG 공급국가로서 1994년 한해동안에만 5,400만톤을 우리가 도입함으로써 전체 수입량의 92%를 점유할 정도로 자원협력 대상국으로서 대단히 중요한 위치에 있다.

우리나라는 자원의 안정적인 확보를 위해 1980년대초에 인도네시아의 마두라(Madura) 유전개발에 참여해 왔으나 큰 성과를 거두지 못한 가운데 1993년부터 새로이 가스전

▲ 마두라 유전개발 현장

개발에 착수하여 성과가 기대되고 있다.

한편 인도네시아는 세계 최대규모라고 하는 나투나(Natuna) 가스전 개발사업을 미국과 공동으로 추진할 계획으로 있어 우리나라에서도 장기적이면서 안정적인 가스의 공급원 확보를 위해 이 가스전 개발에 관심을 기울이고 있다.

인도네시아는 국토의 74%가 산림으로 구성되어 있는 세계적인 열대 산림자원국의 하나이다. 이같은 풍부한 원목자원을 바탕으로 인도네시아는 세계적인 목재공업국으로 성장해 왔으며 합판의 경우는 세계 수출량의 절반 이상을 차지하고 있다. 우리나라는 일찍부터 인도네시아의 산림개발사업에 진출하여 1968년에 한국남방개발(KODECO)이 진출한데 이어, 1970년에 인니 동화(Inne Dongwha), 1980년에 림바선경(Rimba SK), 1983년에 유림사리(Yulim Sari) 등이 진출한 바 있다.

1995년말 현재 조림, 원목개발 등 우리나라의 임업분야에 대한 투자액은 약 6억 달러로서 20여개 업체가 참여하고 있으며, 고용인력은 약 9,500명에 이르고 있다. 최근에는 천연목재 자원의 감소로 아직 미개발 상태에 있는 이리안 자야 지역을 대상으로 원목개발과 합판생산에 투자를 확대해 나가고 있다.

인도네시아의 해역은 어족자원이 풍부하여 수산분야의 투자 잠재력도 매우 높다고 할 수 있다. 우리나라의 원양어

▲ 현지 진출 신발업체의 생산라인에서 조업하는 근로자들의 모습

선도 1987년부터 이곳 해역에 진출하기 시작하여 현재 58척의 트롤 어선이 암본(Ambon) 지역 일대에서 조업중에 있으며 주요 어획 어종은 조기와 오징어로서 연간 2~3만 톤을 어획하고 있다.

지하자원 분야에서는 주석, 석탄, 구리 등 각종 자원이 대량으로 매장되어 있다. 그중에서도 주석은 지질적으로 800Km에 달하는 '인도네시아 주석벨트'속에 들어 있어 세계적인 매장량을 갖고 있다.

1982년에 우리나라의 키데코(KIDECO) 삼탄주식회사는 칼리만탄 지역의 유연탄 개발에 진출하여 1992년부터 본격적으로 생산을 개시하고 있다.

이 지역의 유연탄 매장량은 총 9억 5천만 톤에 이르는 어마어마한 양으로서 생산량의 일부는 한국을 포함하여 일본, 필리핀 등지로 수출되고 있다.

한편, 우리나라는 정부차원에서 인도네시아 노동성에 1994년부터 2,500만 달러 상당의 이동식 직업훈련 사업을 지원하고 있다. 특히 중소기업의 인력난 해소를 위해 해외인력을 도입하고 있는 우리나라는 1995년에 22,000명의 해외산업기술 연수생을 초청하였는데 그중 인도네시아로부터 약 7,000명을 초청하여 양국간 인력개발 분야에서도 협력의 폭을 넓혀 나가고 있다.

인도네시아는 이같이 풍부한 자원을 효과적으로 개발하고

경제발전을 가속화하기 위해 도로, 철도, 항만, 공항 등 사회 간접시설 확충에 국력을 집중하고 있는 가운데, 우리나라의 28개 건설업체들도 인도네시아 건설시장에 진출하여 활발한 수주 활동을 전개하고 있다.

특히 1979년에 현대건설에서 시공한 인도네시아 최초의 자고라위(Jagorawi) 고속도로를 필두로 1996년 6월에 준공한 자카르타 공항-시내 연결 고속도로에 이르기까지 도로건설 분야에서는 우리나라 업체는 독보적인 시공 능력을 인정받고 있다. 최근의 수주실적만 보더라도 1995년에 9억 3,500만 달러에 이어, 1996년에는 Plant공사를 포함하여 12억 6천만 달러를 수주하는 성과를 거두고 있다.

인도네시아는 투자여건이 양호하여 외국인 투자도 매년

인도네시아에 대한 국가별 투자 현황

(단위 : 백만 달러)

순 위	국 가	투자승인액	건 수
1	일 본	27,110.9	788
2	영 국	20,720.2	178
3	홍 콩	16,364.5	330
4	싱가폴	15,027.5	466
5	미 국	11,513.6	211
6	네덜란드	8,624.4	135
7	대 만	8,159.1	398
8	한 국	6,532.7	376
9	호 주	5,895.0	192
10	독 일	4,968.4	85
	기 타	16,583.7	780
	계	141,500.0	3,939

* 자료 : 인도네시아 무역성(1967-1995년간 누계)

한국의 대인도네시아 투자현황

(단위 : 백만 달러)

연 도	건 수	투자 금액
1990	86	721
1991	54	301
1992	21	632
1993	18	655
1994	35	1,849
1995	52	674
1967~1995	376	6,532

※ 자료 : 인도네시아 무역성(1995년)

증가 추세에 있는데 1967년이후 현재까지 국가별 투자누계는 단연 일본이 제1위로서 788건에 270억 달러에 이르고 있다.

우리나라는 같은 기간동안 376건에 65억 달러를 투자하여 제8위를 기록하고 있다.

1995년 기준으로 우리나라 진출기업은 총 340여개 업체로서 고용중인 현지 근로자만 20만명에 이르고 있고, 체류중인 교민 숫자도 약 2만명에 육박하고 있다.

우리나라의 업종별 투자현황

업 종	업체수
섬유, 봉제	68
신발류	16
완구류	15
화학제품	11
산림, 목재가공	21
기 타	66
합 계	197

※ 자료 : 인도네시아 투자조정위원회(1995년)

우리나라의 인도네시아에 대한 투자는 1980년대말부터 1990년대초반 사이에 집중적으로 이루어졌다. 투자건수는 최근에 와서 다소 둔화세에 있으나, 투자규모는 더욱 대형화 되어가는 추세다.

우리나라가 중점적으로 투자하고 있는 업종은 값싼 노동력을 겨냥한 섬유, 봉제의류, 신발류를 위시한 노동집약 산업이 대부분을 차지하고 있지만, 최근에는 화학, 전자, 철강 등 기술산업 분야에 이르기까지 점차 다양해지고 있다.

5. 매력있는 투자대상국

인도네시아는 인구가 2억에 가까워 값싼 노동력의 공급이 가능하고 대규모 소비시장으로서의 잠재력이 있을 뿐 아니라, 풍부한 천연자원의 생산기지로서 원자재비의 절감도 기대할 수 있기 때문에 동남아에서 가장 인기있는 투자유망국가의 하나로 손꼽히고 있다.

인도네시아는 60년대 후반부터 수하르토 대통령의 경제개발 우선정책에 따라 외국인 투자유치의 필요성을 인식하고 적극적인 외자도입정책을 추진해 왔다.

1977년에 설립된 정부의 투자조정위원회(BKPM)는 분야별, 지역별 투자계획을 수립하여 투자사업의 이행을 감독하고 있다.

최근에는 중국, 베트남의 경제개방 정책에 영향을 받은 듯 인도네시아에서도 경제규제에 대한 완화조치를 수차례에 걸쳐 발표하여, 경제의 활성화와 외국인 투자유치를 위해 안간힘을 쏟고 있다.

인도네시아에는 현재 40여개국에서 약 2,600개에 달하는 외국인 투자업체들이 진출해 있는데 이 중 절반가량이 수출 주종 기업체이고, 나머지는 내수용 생산업체다. 대부분의 수출기업이 저임금의 매력에 이끌려 들어왔지만 거대한 내수시장도 아울러 겨냥하고 있는 것도 사실이다.

한국의 진출업체 중에서는 일찌기 산림개발 분야에 진출한 코데코(KODECO) 그룹과 코린도(KORINDO) 그룹, 그리고 조미료 사업으로 진출한 미원 등이 대표적인 성공사례로 좋은 본보기가 되고 있다.

특히, 최근에는 자동차, 전자, 화학 및 철강 등 기간산업과 대규모 장치산업분야에 우리나라 대기업의 진출이 활발해지고 있어, '코리아 바람'을 불러 일으키고 있다.

1995년에는 현대, 대우, 기아자동차가 줄지어 상륙함으로써 지금까지 일본이 독점해 온 인도네시아 자동차 시장에 유력한 경쟁자로 등장하고 있다.

특히 1996년초 인도네시아측과 합작으로 '티모르'(TI-MOR)라는 이름의 국민차 프로젝트에 참여한 기아자동차는 1998년까지 약 5억 달러의 투자계획을 발표하여 일본 자동차 업계의 자존심을 여지없이 구겨놓은 바 있다.

가전업체들도 마찬가지이다. 인도네시아 인구가 2억에 가깝지만, 1995년말 현재 컬러 TV의 보급량은 300만대 정도에 불과하여 시장 잠재력이 무궁무진하다는 판단이다. 삼성전자에서는 인도네시아를 '떠오르는 시장'으로 선정하고 집중 투자를 계획중이며, LG는 TV 브라운관 사업에 6억 달러, 선경은 2001년까지 8억 달러를 투자할 예정이다.

중공업 분야에서도 코데코가 시멘트 산업에 4억 달러, 포항 제철은 코린도와 합작으로 5.5억 달러를 투자할 예정인 것으로 알려지고 있다.

대다수의 기업들이 저임금에 끌려 인도네시아에 진출하게 되었지만 이 곳의 노동력이 저임금이라고 해서 노동의 질이 엉망이라고 생각하는 것은 잘못이다. 이들은 끈기와 적극성은 부족하지만 꼼꼼하면서도 성실하여 호평을 받고 있다.

일본무역진흥회(JETRO)에서는 인도네시아에 진출해 있는 일본 기업의 절반이상이 인도네시아 노동력의 질에 만족하고 있으며, 특히 자바 사람들은 일본 사람들과 성격이 비슷하여 서로 이해가 빠르며, 성격이 온순하여 인력관리도 수월하다고 평가하고 있다.

6. 우리 기업이 관심 둘 사항

우리나라 업체들의 해외투자는 현재 인도네시아를 비롯하여 중국, 베트남 등 아시아지역의 개발도상국을 중심으로 한창 붐을 일으키고 있다. 이들 업체들은 대부분 생산원가의 절감, 해외시장의 개척, 생산거점의 확보를 위해 진출하였으나, 투자대상국들의 예상보다 빠른 경제성장과 임금인상, 노사문제 등으로 어려움을 겪고 있는 것으로 알려지고 있다.

인도네시아에 진출해 있는 상당수의 우리 기업들도 예외는 아니다. 대부분의 투자업체들이 공통적으로 직면하고 있는 문제들은 기업활동에 대한 정부의 간섭과 규제, 매년 대폭적으로 인상되고 있는 근로자의 최저임금, 그리고 노사분규 등이다.

다행히 외국인의 투자유치를 위한 단계적인 규제완화 조치가 이어지고 있어 투자여건이 점차 개선되고 있으나, 우리 기업인들은 아직 정부의 규제가 많아 기업활동에 애로가 많다고 한다.

최저임금 인상율

연 도	인상비율(%)
1993	17.7
1994	30.0
1995	18.6
1996	10.6

※ 출처 : GATRA지(1996.1.20)

최저임금과 노사분규 역시 진출업계에 큰 부담이 되고 있는 것이 사실이다.

1997년 1월 4일자 GATRA지는 자카르타 지역경찰사령관의 말을 인용하여 "1996년 한해동안에 자카르타 일원에서만 289건의 크고 작은 소요사태가 발생하였는데, 이중 118건은 노동자들의 복지, 임금과 연관된 노사문제가 주된 원인"이라고 보도하고 있다.

노사분규의 주된 원인은 임금수준에 대한 불만, 초과근무수당의 미지급 등 근로 조건에 관한 것이 대부분이다. 이들은 매년 물가상승율을 훨씬 초과하는 최저 임금의 인상을 요구하고 있어 저임금에 경쟁력을 의존하고 있는 우리 진출업체들의 어려움이 가중되고 있다.

1995년 인도네시아 노동성의 감사국장으로 있는 아민(Amin) 장군은 비공식 석상에서 일본 투자업체의 경우는 분규 발생이 연중 1-2건 정도인데 비해, 한국업체의 경우는 비교적 잦은 편이라고 지적한 바 있다. 우리업체들은 대부분 노동집약형의 신발과 봉제산업 등에 치중되어 있기 때문에 노사갈등이 많은 것도 사실이다. 인도네시아의 대외 수출은 60-70%가 신발, 봉제 등 노동집약 산업에 편중되어 있고 이들 업종은 또한 우리 투자 업체가 진출해 있는 주력분야이기도 하다.

세계은행의 자료에 따르면 1990년이후부터 1995년까지 인도네시아의 최저임금 상승율은 서부 자바의 경우는 283%, 중부 자바는 285%에 달하고 있어 업계가 겪고 있는 인건비 부담의 심각성을 짐작케 한다. 최저임금의 상승은 제조원가와 수출단가의 인상을 유발하여 결과적으로는 수출경쟁력의 약화와 투자 마인드의 위축이라는 악순환을 초래하고 있다.

또, 인도네시아의 사회적인 불안정과 불확실성이 우리 업체들에게 장래에 대한 불안감을 더해주고 있는 것도 사실이다.

근래에 와서 격렬한 소요사건들이 꼬리를 물고 발생하고 있기 때문이다. 이는 사회저변에 깔려있는 저소득층의 불만과 계층간의 갈등, 지역간의 불균형 등의 문제에 기인하고 있으며 언젠가는 심각한 사회문제로 폭발할 가능성도 배제할 수 없는 것이다.

일례로 1995년 11월 동부 자바 지역에 있는 우리나라 투자 업체인 제일제당공장에서 공장 폐수로 인근 새우 양식장이 피해를 입었다고 주장하는 주민 등 1,000여명의 시

최근 발생된 유혈사태

- 1995. 9 : 카톨릭에 대한 정부의 경시정책에 항의(동 티모르)
- 1995.10 : 중국계에 의한 이슬람 소녀 학대행위로 시위(서부 자바)
- 1995.11 : 공장지역의 가스누출에 항의하여 시위대가 다수의 주택, 상가건물에 방화 (수마트라)
- 1995.11 : 공해유출에 집단 항의하여, 제일.삼성소유 공장건물 파괴(동부 자바)
- 1996. 1 : 공연장 출입 저지에 항의하여 중국계 상가에 방화 (서부 자바)
- 1996. 3 : 티미카(Timika) 광산지역의 환경오염에 대한 지역 주민의 항의시위(이리안 자야)
- 1996. 4 : 군인들에 의한 시민구타행위에 대한 항의(칼리만 탄)
- 1996. 4 : 공공요금 인상 항의 과정에서 대학생 6명 사망(술 라웨시)

※ 출처 : Asiaweek(1996.5.17)

위대가 공장에 난입하여 약 300만 달러의 피해를 입힌 사건이 있었다.

이 공장은 환경성으로부터 무공해업체로 확인까지 받고, 완벽한 폐수처리시설까지 갖춘 모범업체로 지정되었으나 이성을 잃은 군중들 앞에서는 소용없는 일이었다.

한편, 1996년 10월 시투본도(Situbondo)에 이어 12월의 타식말라야(Tasikmalaya)에서 발생된 소요사태도 표면적으로는 종교와 종족간의 갈등으로 빚어진 것으로 알려졌으나, 그 근본 원인은 계층간의 위화감과 빈부격차 문제가 겹쳐져 폭발되었다고 볼 수 있다.

최근들어 심각해지고 있는 실업인구증가와 빈부의 격차에 따른 상대적인 박탈감에 기인한 반항적인 불만 심리가 사회전반에 팽배해 있음을 감안할 때, 앞으로 이러한 시위나 폭동사태는 더욱 빈번해 질 것으로 예상된다. 따라서 우리 업체들도 이에 관심을 갖고 예방차원에서 평소에 고용인들은 물론 지역주민들과의 원만한 유대관계를 더욱 공고히 유지하여야 할 필요가 있다고 본다.

또한 우리기업들이 어디까지나 외국에 나와 사업을 하고 있는 만큼, 배타적인 사고방식은 금물이며, 이 나라의 고유한 전통과 문화를 존중하고, 사회관습 및 언어, 국민성 등에 대해서도 배우고 이해하려는 노력이 필요하다고 본다.

그런 점에서 신규 진출기업들에게서 흔히 발견되고 있는 언어 장애로 인한 의사소통의 단절, 종교와 전통문화에 대한 몰이해, 한국인 관리자의 현지인에 대한 우월의식, 화부터 먼저내는 조급함 등은 반드시 개선되어야 할 것이다. 더욱이 간과할 수 없는 사실은 대부분의 인도네시아 국민들이 정치안정이 계속될 경우에 인도네시아가 멀지 않아 동남아에서는 물론 세계가 부러워하는 경제부국이 될 것으로 낙관하고 있다는 점이다. 동남아의 잠재적인 강국으로 부상하고 있는 인도네시아가 아직 짜임새 있는 경제개발의 기틀을 쌓지 못하고 있을 때가 우리에게는 오히려 기회가 되는 것이고, 노동력의 질과 내수시장의 규모면에서도 우리가 인도네시아를 결코 놓칠 수는 없다는 사실을 직시할 필요가 있다. 동남아 지역의 거인들이 용트림을 시작한 다음에 한국이 설땅이 과연 어디인지를 다시한번 냉정히 생각해 보아야 할 때다.

제9장 애환의 무관생활 10년

1. 인도네시아와의 첫인연

우리나라에서는 일찍부터 군 장교들을 우방국에 유학시켜 외국의 군사교리를 습득하여 왔으며 이 제도는 우리군에 필요한 전문인력의 양성과 군사전략의 내실화 그리고 군 의식의 국제화에도 크게 기여하여 왔다.

필자는 1977년에 인도네시아 육군대학에서 군유학생으로 출발하여 1984년부터는 주인도네시아 한국대사관에서 3년여동안 무관으로 근무한 적이 있다. 그후, 1991년에 다시 인도네시아에 부임하게 되어 지금까지 무관으로 10여년의 세월을 인도네시아에서 보내게 되었다.

1970년대만 하더라도 인도네시아는 우리에게 잘 알려지지 않은 나라였고, 군내에서의 관심도 그렇게 높은 편은 아니어서 이곳에 유학을 희망하는 사람도 드물었다. 그러나 필자는 인도네시아가 우리와 근접한 동남아권에 속해있고, 방대한 국토와 인구를 지닌 자원부국으로서 언젠가는 크게 성장할 잠재력이 있는 나라라고 생각하여 이곳을 자원하였던 것이다.

▲ 반둥에 있는 육군대학 본청 건물

예상했던 대로 근래에 우리나라와 인도네시아는 정치, 경제, 무역, 자원개발, 군사교류 등 모든 분야에서 협력관계가 긴밀해지고 있고, 자카르타를 중심으로 한 상주 교민만도 약 2만명에 이를 정도로 한국인의 진출이 활발하여 필자가 유학할 당시와는 격세지감을 느끼고 있다.

필자가 유학한 인도네시아 육군대학은 반둥(Bandung)에 위치하고 있다. 반둥은 수도인 자카르타에서 180Km 거리에 있는 인구 320만의 도시로 서부 자바의 주청사가 소재하는 인도네시아에서 세번째로 큰 도시이다. 해발 700m의 고지에 위치하고 있어 열대지역 답지않게 시원하여 휴양도시로도 이름이 나 있다.

도로 주변에는 수령 100년 이상된 거목들이 줄지어 서 있고, 밝은색의 네덜란드식 건축물들이 숲 사이에 자리잡고 있어 식민지 역사의 흔적과 냄새를 그대로 풍기고 있는 곳이기도 하다.

1955년 4월에 이곳에서 아시아.아프리카 회의로 불리워지는 '반둥' 회의가 개최되어 세계적으로 잘 알려져 있다.

반둥은 군사거점 도시로서도 유명하다. 수도인 자카르타의 관문역할을 하고 있어 수도 방위를 위해 육군의 '실리왕이'(Siliwangi) 부대가 이 곳을 지키고 있다. 군사 교육기관인 육군대학과 공군대학, 그리고 보병, 포병, 기갑학교 등도 이곳에 자리잡고 있는데 기후가 좋고 주변환경이 쾌적한 때문이 아닌가 싶다.

필자가 다녔던 육군대학은 1년간의 교육과정으로서, 우리나라를 포함하여 매년 10여개국의 우방국 장교들이 유학하고 있어 이미 국제화된 교육기관이기도 하다.

인도네시아 역시 오래전부터 군 장교들을 우방국에 유학시키고 있다. 우리나라 육군과 공군대학에도 파견되고 있지만, 대부분의 인도네시아 유학생들이 언어문제로 곤욕을 치르고 있어 점차 매력을 잃어간다고 하니 주재무관으로서는 안타까운 심정이다. 이들이 우리 교육과정을 따라가기 위해서는 한글 뿐 아니라, 한자용어까지 익혀야 하는 이중고 때문에 빚어지는 어쩔 수 없는 현상으로 여겨진다.

2. 육군참모총장이 된 군 동기생

　인도네시아 육군대학에서의 유학생활은 그들의 군사전술이나 교리를 읽힐 뿐아니라 그리고 문화 관습까지도 배울 수 있었고 특히 동문수학한 군장교들과의 각별한 인연을 맺는 좋은 기회였다.
　이 곳에 입교하는 인도네시아의 중견장교들은 장차 이 나라를 이끌어 갈 동량으로서, 이들중에서 군지도자는 물론 정치 지도자도 나올 수 있는 것이다.
　필자가 이곳에서 1년여동안 지낼때, 가깝게 지낸 동기생 중의 한 사람으로 위스모요(Wismoyo) 중령이 있었다.
　솔직히 말해 육군대학에 재학할 당시에는 이 사람의 신상에 대해 자세히 알지 못하였고 누군가 귀뜸해 주는 사람도 없었다. 바로 이 사람이 수하르토의 손아래 동서라는 사실을 뒤늦게 알게된 것은 내가 교육을 마치고 서울에 돌아온 후의 일이었다. "인도네시아 사람들은 남의 얘기를 화제거리로 삼지 않는다."는 말이 있다.
　자신과 상관이 없으면 누가 어떤 배경으로 출세를 했고,

어떻게 재산을 모아 부자가 되었는지 굳이 알려고도 하지 않고, 알아도 남에게 얘기하지 않는다는 것이다. 남의 일에 개의치 않는 이러한 태도는 이슬람교의 교리에서 유래한 것으로 보이지만, 어떤 면에서는 우리도 본 받아야 할 좋은 점이 아닌가 생각된다.

위스모요 중령은 그의 특수한 정치적 배경으로 후에 특전사령관, 지역사령관, 전략사령관 등의 요직을 거쳐 1993년에는 육군총장까지 오른 당대의 실력자로 알려졌다.

유학시절의 인연으로 나는 후에 그로부터 많은 도움을 받게 되었다. 필자가 인도네시아 주재무관으로 다시 오게 되었을때 그는 친구로서의 우정과 여러가지 활동상의 편의를 베풀어 주었던 것이다.

필자와 당시 군 유학 동기생으로 최근까지 정부요직에서 활동하고 있는 인사로는 국회내 군부대표 그룹의 의장 수팔만 (Suparman) 중장, 보건성차관 히다얏(Hidayat) 소장, 북부 술라웨시 주지사 망긴다안(Mangindaan) 소장, 육군본부 작전참모 막문(Makmun) 소장 등 현역 장성급으로 20여명이 남아 있다.

3. 안되는 일도 해내야 하는 고충

재외공관의 무관주재령에 의하면 국방무관은 주재국에 대한 군사문제와 관련이 있는 첩보를 수집한다든지, 군사에 관한 외교활동이나 방산물자에 대한 수출지원 등의 임무를 수행하도록 되어 있다. 따라서 무관으로 일하기 위해서는 정보적인 감각과 판단력이 필수적이다. 또한 외교관의 신분으로서 일하기 때문에 외국어에 능통해야 함은 물론이거니와 상대에게 호감과 신뢰를 줄 수 있도록 성격상으로 모나지 않고 사교적인 사람이어야 한다.

1984년에 초임 무관으로 인도네시아에 갓 부임할 당시에 필자가 갖고 있던 자산이라고는 수년전 유학시절에 사귀었던 몇몇 동기생이 전부였다. 그리고는 이들과의 친분을 바탕으로 군부의 유력인사들과 인간관계를 쌓는데 많은 노력을 기울여 마침내 어느정도 활동할 수 있는 기틀을 만들 수 있었다.

무관은 스스로 계획을 세우고, 판단과 결정을 내려야 하는 위치에서 일하고 있다. 일을 하다보면 시행착오도 있게 마련

▲ 1996년 10월 국군의 날 기념 리셉션에 참석한 카센다 전 주한 인도네시아 대사와 필자

이다.

1987년경에 본부가 관심을 갖고 추진한 국책사업이 주재국의 양해를 얻지 못해 답보상태에 빠진 적이 있었다.

이에 필자는 이 일을 스스로 해결해보고자 본부에 보고하지도 않고 주재국의 고위인사에게 그 필요성을 설득해 나갔다.

처음에는 탐탁치 않은 반응을 보였으나, 끈질긴 설득이 주효했던지 마침내 주재국으로부터 사업추진을 양해한다는 최종 통보가 접수되었다. 그 성취감이란 정말 가슴 뿌듯한 것이었다.

나는 은근한 기대감과 함께 즉시 본부에 보고하였다. 그러나 본부에서 온 회답은 천만 뜻밖에도 이 사업을 "검토결과 추진치 않기로 했다"는 것이었다.

그때의 실망스러움이란! 기대가 컸던 만큼 실망 또한 컸으나, 문제는 이 사정을 인도네시아측에 어떻게 해명해야 하느냐 하는 것이었다. 결국 필자는 고민끝에 "본부와 의사소통이 잘되지 않아 이러한 실수를 범하게 되었다"고 정중히 사과하고 가까스로 사태를 마무리 지을 수가 있었다. 이것은 필자가 본부와 사전 협의없이 단독으로 일을 벌여 발생한 과오였다. 이 사건은 자기 과신에서 빚어진 웃지 못할 해프닝으로서 늘 마음 속에 잊혀지지 않고 있다.

1994년 11월에 인도네시아에서 아·태 경제협력체 (APEC) 정상회담이 열렸다. 우리나라에서도 대통령을 포함한 많은 정부요인들이 참가하였기 때문에 당시 필자를 포함한 대사관의 전직원들은 행사 준비를 위한 비상체제에 돌입하였다.

18개국가에서 워낙 많은 VIP들이 참가하다보니 자연히 경호 문제가 중요한 과제로 대두되었다. 문제는 미국, 일본, 중국 등 경호가 까다롭기로 이름난 국가원수들이 대거 참가하게 되자 주최측에서는 숫자가 제한된 특수차량을 누구에게도 제공하지 않기로 결정한 것이다. 그러나 우리정부에서는 현지 대사관을 통해 이 차량을 반드시 확보할 것을 주문하였다.

인도네시아의 경호업무는 우리나라의 경호실 체제와는 달리 통합군사령부 소속의 경호부대가 맡고 있어 주재공관에서는 국방무관이 협조창구로 되어 있는 것이 특징이다.

필자는 우리측의 요구가 무리인 줄 알면서도 마침 개인적인 친분이 있었던 경호대책본부 인사에게 특수차량을 제공해 줄 것을 강력히 요청하였다.

이 문제는 경호본부에서 단독으로 판단할 수 없는 워낙 민감한 사안이므로 결국에는 대통령 경호부대장을 통해 수하르토 대통령에게까지 보고 되었다. 보고를 받은 대통령은 "다른 사람들의 눈에 잘 띄지 않게 유사한 차종으로 지원하라"는 지시를 내려 가까스로 우리나라만이 이 특수차량을 사용할 수 있게 되었다. 나중에 이 사실을 안 다른나라들이 항의하여 다소 난처한 입장에 처하기도 하였지만.

'안되는 일도 되게하라'는 말도 있듯이 일단 부여된 임무는 무슨 방법을 동원해서라도 해결해야 하는 한국식의 업무 스타일이 빚은 결과라고 할까?

4. 인도네시아 정부의 훈장을 받다

새삼 느끼게 되지만 해외 무관생활 3년이라는 세월은 그렇게 길지 않은, 오히려 짧게만 느껴지는 시간이다. 그래서 귀임시에는 아쉬움도 남기 마련이다.

첫해에는 업무파악과 주변환경을 익히기에 바쁘고, 2년째는 어지간히 일할 만하게 되지만, 3년째가 되면 임무를 마치고 귀국하는 해로서 일이 손에 잘 안 잡히게 된다. 그래서 막상 귀국할 때가 되면 많은 아쉬움과 함께 1년정도 더 있었으면 하는 생각이 난다고들 한다.

필자가 두차례에 걸쳐 무관으로 근무하면서 특별히 관심을 둔 활동분야는 군사교류의 증진이었다. 1970년대 후반부터 우리나라와 인도네시아 사이에는 군사교류가 한창 긴밀해지고 있던 때라 인도네시아의 고위인사들이 줄을 지어 우리나라를 방문하게 되었다.

우리 국방부의 어느 간부가 "인도네시아 붐이 일어났다"고 감탄할 정도로 많은 사람들이 한국을 다녀간 것이다. 그럴 때마다 필자는 이들을 맞이할 수 있는 기회가 주어짐으

▲ 1995년 10월, 인도네시아 정부로부터 공로훈장을 받았을 때의 필자
(왼쪽으로부터 탄중 통합군사령관, 민형기 한국대사, 반누르스만 경찰군사령관)

로써 새로운 교분관계를 맺을 수 있었다. 이러한 친분은 주재무관으로 활동하는데 좋은 밑거름이 된 것이 사실이다.

1994년 10월 어느 날이었다. 필자의 장군승진 소식을 알리는 한통의 축하 전화가 서울에서 걸려 왔다. 이 소식을 접한 필자는 한동안 벅찬 기쁨과 감격에 젖어들지 않을 수 없었다.

이 값지고 영광스러운 승진은 지난 30여년간 군인으로서의 외길을 꾸준히 정진해 온 결과가 아니었나 생각된다.

그후 1995년 10월에 인도네시아 창군 50주년을 맞이하여 탄중(Tanjung) 통합군사령관이 양국간의 군사유대를 증진시키는데 기여한 공로를 치하하면서 필자의 가슴에 공로 훈장을 달아주었다.

　해외에서 무관으로 근무하면서 주재국의 훈장을 받는다는 것이 그렇게 흔치 않는 일이기 때문에 개인적으로도 대단히 영광스러운 일이 아닐 수 없었다. 더욱이 군인에게 있어서는 훈장은 가장 명예스러운 것이며 또 자랑스러운 것이 아니겠는가. 한국과 인도네시아 군간의 유대와 우정의 징표로서 이 훈장을 소중히 간직하고 싶다.

5. 북한 해군사령관과 만나다

1995년 8월에 인도네시아 정부에서는 역사적인 독립 50주년을 경축하기 위해 성대하고도 다채로운 기념행사를 준비하였다.

그중의 하나가 수도인 자카르타 항구에서 개최된 국제전함 대회로서 각국의 해군함정들이 이 행사에 참여토록 초청되었다.

인도네시아 해군에서 주최한 이 국제전함대회에는 우리나라를 포함하여 미국, 중국, 일본 등 17개 국가에서 40여척의 신예함정이 축하사절로 참가하여 대성황을 이루었다.

공교롭게도 이 대회에는 전례없이 북한의 김일철 해군사령관도 참가하게 되어 남북한의 군사사절단이 조우하는 기회가 마련되었다.

원래 인도네시아와 북한은 비동맹 회원국의 일원으로서 국제무대에서는 서로 협력관계를 유지하고 있지만, 군부간의 교류는 전무한 실정이었다. 북한은 뒤늦게나마 인도네시아와 교류할 필요성을 깨달아서인지 북한군의 총참모장으로 있던 최광이 1995년 4월에 느닷없이 인도네시아를 방문한 적이 있었지만, 그 이후로도 실질적인 군사교류는 별 진전이 없는 상태이다.

　남북한의 군 대표가 이 곳 자카르타에서, 더욱이 군복정장차림으로 만난다는 것은 상당한 의미가 있는 일이었기에 필자는 긴장과 기대감으로 다소 흥분이 되지 않을 수 없었다. 대회 첫날에 참가국의 대표들은 주재국 해군총장 초청으로 환영 리셉션에 참석하게 되었다. 행사장에 도착해보니 북한측의 사절단은 먼저 와서 한쪽 구석에 딱딱한 표정으로 앉아 있었다.

　나는 주최측의 해군정보처장을 통해 인사를 나누자는 뜻을 북한측에 전달하였는데, 김일철은 먼저 주재북한대사에게 물어보면서 "남한측이 이 곳에 와 있으면 인사를 나누겠다"고 선선히 응해주었다.

　이에 필자는 우리 해군대표단과 함께 북한측으로 자리를 옮겨가 서로 악수를 나눔으로써 북한 대표단과의 흔치않은 만남이 이루어지게 된 것이다.

　당시의 생각으로는 북한측이 간단한 인사정도에만 응할 것으로 기대했으나, 기념사진도 함께 찍으면서 30여분간 담소할 수 있는 여유도 주어졌다. 이 광경을 지켜보고 있던 다른나라의 대표들도 우리들의 관계를 알아 차리고는 격려의 박수를 보내 주었다.

▲ 북한 김일철 해군사령관과 유삼남 해사교장의
손을 잡은 인도네시아 탄토 해군참모총장의 모습

 이 행사가 3~4일간 계속되는 동안 북한측의 대표들과 몇 차례 더 만날 기회가 있었는데, 처음의 서먹서먹했던 분위기가 다소 누그러지면서 대화의 내용도 가벼운 일상생활에서부터 시작하여 북한의 내부정세에 이르기까지 다양해지게 되었다.
 행사 둘쨋 날은 전함사열식을 관전하면서 북한대표와 나란히 앉게 되었다. 필자가 함상에 승선하는 인도네시아 트리(Try) 부통령과 인사말을 나누는 광경을 옆에서 지켜 보고는 북한대표가 무뚝뚝하게 물어 왔다.
 "무관선생은 저분을 어떻게 잘 아시유?"라고 물어
 "몇년전에 통합군사령관을 지낸 분이므로 잘 알고 있습니다."

라고 대답하자 고개를 끄덕이면서도 선뜻 이해가 잘 되지 않는다는 표정을 지었다. 같은 동포로서 인간적인 친절을 베풀어 주니 이들은 굳은 표정을 풀면서 제법 여유를 보이기도 하였다.

그러면서도 한마디 상투적인 말은 빼놓지 않았다.
"어서 통일이 되어야 합니다."
"남조선에서 미군이 하루속히 철수해야 합니다." 라고.

행사기간중에 주최측의 탄토(Tanto) 해군참모총장은 전함대회에 참가한 남북한의 해군대표들과 기념 촬영을 제의하면서 "남북한 사이에 더이상 전쟁이 없기를 바란다(No more wars)"라고 힘주어 말했다. 과연 북한대표가 이 말을 제대로 알아들었는지는 모르지만, 가슴에 와 닿는 말이 아닐 수 없었다. 어찌 보면 주최측에서는 이 말 한마디를 전해주기 위해 남북한의 대표를 이 행사에 초청하지 않았나 새삼 생각되었다.

인도네시아가 이러한 국제적인 대행사를 치를 수 있었던 것은 비동맹 의장국이라는 배경이 있었기에 가능하였을 것이고, 바로 이점이 간과할 수 없는 인도네시아의 저력이 아닌가 생각된다.

인도네시아와 북한간에는 1960년대 초반부터 공식 외교관계를 가져왔지만 그동안 군사분야의 교류협력은 전혀 없었기에 이제까지 인도네시아는 한국무관이 마음대로 활동할 수 있는 독무대와도 같은 곳이었다. 그러나 북한도 늦게서나마 인도네시아와 군사교류를 본격화 하려는 움직임을 보이고 있다.

　인도네시아 군부에서는 북한을 국제무대로 끌어낼수록 북한의 개방화에 도움이 될 것으로 믿기 때문에 북한이 교류제의를 한다면 굳이 거절하지 않을 것으로 보인다. 이제 남북한의 무관이 함께 이곳 자카르타에서 얼굴을 마주칠 시기도 그리 멀지 않다는 느낌이 든다.

6. 외교관의 '세일즈 맨' 역할을 실감하다

　1996년 6월에 자카르타에서는 수하르토 대통령이 지켜보는 가운데 우리나라와 인도네시아 정부간에 방산협력에 관한 양해각서(MOU) 서명식이 거행되었다. 우리측 대표로서는 국방차관을 위시하여 주재대사 등 많은 인사가 참석하였다. 그 내용은 우리가 인도네시아에서 제작한 CN-235 항공기 ○대를 도입하는 대신에 인도네시아는 우리나라의 군용차량 등을 대응구매 형식으로 사들인다는 것이었다.
　각종 외국산 군사장비를 일방적으로 수입하기만 하던 우리가 자체 기술로 만든 국산장비를 대응구매의 형식으로 수출하게 된 것은 이번이 처음있는 일이다. 그런 점에서 이번에 서명된 MOU는 방산협력을 한 차원 발전시킨 쾌거라 할 수 있다. 그러나 이 합의가 성사되기까지는 그동안 많은 진통과 우여곡절을 겪어야만 했었다.
　당초에 우리 정부는 이 항공기를 스페인에서 도입키로 하고, 1992년에 이미 발주까지 끝낸 상태였다. 이 사실을 뒤늦게 안 인도네시아 정부에서는 자국에서 동일한 기종을 생산하고 있음에도 우리 정부가 멀리 떨어진 스페인에서 도입키로 한데 대해 불만섞인 서운함을 표시하였다. 지역적으로 한국은 인도네시아의 시장영역인 아시아권에 속해 있기 때문이었다.

본래 인도네시아는 1980년대부터 스페인의 CASA사와 합작하여 우리가 도입키로 한 CN-235 기종을 조립 생산해 왔으나 이 사실을 한국에서는 잘 모르고 있었고, 인도네시아의 대외홍보 역시 그만큼 미흡한 실정이었다.

어쨋든 이 일로 인도네시아 정부와 불편한 관계가 조성되어서는 안되겠기에 기종이 동일하고, 성능에 있어서 큰 차이가 없다면 양국관계의 중요성을 고려하여 적절한 구매방안에 대한 재검토를 본국 정부에 요청하였다.

그후 특별한 진전이 없던 차에 1995년 2월에 말레이시아가 교환구매 형식으로 인도네시아산 항공기 6대를 도입하고, 말레이시아는 자국산 승용차 1,500대를 수출키로 했다는 소식을 접하고는 이러한 사례가 우리에게도 적용될 수 있지 않을까 하는 생각이 들었다. 이와 같은 교환구매가 잘 이루어 진다면 방산협력의 증진은 물론, 국산 군용장비의 수출확대도 가능함으로 실로 일거양득이 아닐 수 없었다.

이에 따라 필자는 말레이시아의 교환구매 사례를 자세히 파악하여 본부에 보고하였고, 보고를 받은 본부에서는 인도네시아측의 관심도를 타진하도록 전해왔다.

그러나 인도네시아의 방위산업을 관장하고 있는 하비비 과학기술성장관과 이 문제를 직접 협의한다는 것이 생각보다 쉬운 일이 아니었다. 고심 끝에 이 문제를 군부에 영향력이 있고 대통령의 사위이기도 한 당시 육군특전사의 부사령관인 프라보오(Prabowo) 대령(현 특전사령관)에게 부탁하여 하비비 장관의 의중을 간접적으로 파악하는 것이 좋겠다는 결론을 내렸다.

1995년 4월에 필자의 요청을 받은 프라보오 대령은 이 문제가 인도네시아 정부와 연관된 국가적인 사업인 만큼 이를 흔쾌히 응락하고 그 자리에서 하비비 장관에게 전화를 걸었다. 마침 부재중이어서 전화연결은 되지 않았지만, 일개 대령급 장교가 아무 거리낌 없이 장관에게 전화하는 것을 볼 때 그의 영향력이 가히 짐작되고도 남았다.

그후 본부에서도 대응구매안에 더욱 세심한 관심을 보이면서 "하비비 장관과 직접 만나 정확한 의사를 타진해 보는 것이 좋겠다"는 뜻을 전해왔다. 이 때부터 필자는 바빠지기 시작하였다.

하비비 장관의 뜻을 간접적으로 전해 듣긴 하였지만, 과연 그가 이 문제에 대해 구체적으로 어떤 생각을 갖고 있는지 정확히 몰라 내심 궁금하기도 하였다.

결국 1995년 5월에 하비비 장관과 독대할 수 있는 기회가 만들어 졌다. 무관의 위치에서 하비비 장관을 직접 만난다는 것은 대단히 이례적인 일이었으나, 과거 몇차례 대면한 적이 있어 대화는 화기애애한 분위기 속에서 진행되었다. 이 자리에서 '원칙적으로 동의한다'는 인도네시아측의 공식 입장을 직접 확인할 수 있었다. 그후 몇 차례에 걸친 실무협의를 거쳐 마침내 뜻깊은 서명식을 갖기에 이르렀던 것이다.

"외교관은 국가이익을 위해서 세일즈 맨이 되어야 한다"는 말이 있다. 필자의 이번 경험뿐 아니라, 당시 '인도네시아 에어쇼' 행사에 참석한 영국의 포르틸로(Portillo) 국방장관도 바쁜 일정 속에 우리나라 국방차관을 찾아 와서는 "군사장비를 사달라"고 졸랐던 것을 생각할 때 그 의미가 더욱 실감나게 느껴진다.

※ 부록

인도네시아 한인사회의 진출활동

〈주요내용〉

o 초창기 진출기업들의 활동
o 한인사회의 생활상
o 인도네시아 진출경험
o 인도네시아인에 대한 인식
o 인도네시아 한인사회의 과제

※ 이 글은 1996년 2월, 통일원에서 발행된 "세계 한민족 총서"에서 인도네시아 한인사회의 진출활동과 관련있는 내용을 발췌해서 재구성한 것임.

초창기 진출 기업들의 활동

한인의 본격적인 인도네시아진출은 해외투자로 시작되며 인도네시아 한인사회의 역사는 한국의 해외투자의 역사라고 하여도 과언이 아닐 정도이다. 인도네시아진출의 선두 분야는 목재와 건설이며 석유사업도 일찍 시작되었다. 대부분의 한인들은 투자사업가, 기술자, 관리직, 숙련 노동자로 인도네시아에 왔으며, 이들중 상당수는 칼리만탄, 수마트라, 수라바야 등의 섬에 거주하면서 산림개발에 노력 하였고 자카르타에는 소수의 인원만이 살았다고 한다. 1972년에 재인도네시아 한인의 수는 이미 700명에 이르렀다고 한다.

인도네시아로의 진출에는 처음에는 원목사업이 매우 중요 하였다. 오늘날 인도네시아의 유수한 재벌들도 대부분 초기에는 산림개발을 통해 사업기반을 다져온 사례가 많다. 원목 운반은 처음에는 4m 길이로 잘라서 사람이 직접메고 나왔는데 1968년에 '남방개발'이 장비를 도입하여 도로를 닦고 선적을 시작한 결과 15m 길이로 잘라가지고 나올 수 있게 되었다고 한다. '코데코'도 1963년에 개척을 시작하여 1969년에 생산을 시작하였으며 '인니동화'는 1960년에 국교도 없을때 인도네시아에 진출하였다. 또한 '미원'이 '경남기업'의 바로 뒤에 진출하였으며 '한일자야'도 뒤이어 진출하였다. 아무튼 순수한 우리 자본으로 투자를 시작하는 것은 인도네시아가 처음이었다. 원목사업은 매우 경기가 좋았다고 한다.

그런데 1970년대 초에 우리나라가 원목산업에 본격적으로 진출하였을 당시 인도네시아는 자국의 공업발전을 위하여 공업화 조항을 만들었다. '코린도' 등은 인도네시아정부의 재촉으로 1979-81년간 합판공장 등을 건설하게 되었다. 지금은 인도네시아의 기업들이 대규모 합판공장을 지어 운영하고 있으나 초창기에는 '코린도' 등 한국기업이 최대 합판 수출회사였다고 한다.

특히 원목에서 합판을 얻는데 효율도 매우 좋았다고 한다. 한편 공장을 짓지않았던 '아주임업'과 '한니 우따마' 등은 1980년대에 들어와 원목수출이 금지됨에 따라 커다란 타격을 받게 된다. 특히 1979-1984년은 목재경기가 나쁜상태에서 원목수출이 금지되었으므로 이들 기업은 매우 고전하였다고 한다. 겨우 1985년 후반에야 목재경기가 살아났으나 몇몇 회사는 수출이 안되고 결국 문을 닫게 되었다. 정책변화와 경기변동에 능동적으로 대처하지 못한 것이었다.

'삼환기업'이 진출하여 발릭빠빤에 유니온 석유회사의 주택을 지었고 '현대건설'도 진출하여 인도네시아에서 최초의 고속도로를 건설하였는데 손해를 보면서도 일을 잘 해내었다. 결국 이것을 기화로 수마트라의 지방도로공사도 맡게 되었다. 종합상사는 초기에 쌍용의 전신인 '한남무역'이 진출하여 인도네시아에 시멘트를 수출하는 대신 인도네시의의 커피를 수입하기도 하였다. 또한 외환은행이 현지 사무소도 설치하였는데 본격적인 은행 업무를 위한 허가가 나오지 않아서 한동안 경제동향을 보고하는 것에 그쳤었다. 은행 업무를 해서 과연 채산성이 있을까 하는 생각에서 감히 시작하지 못한 것 같은데, 지금 돌이켜 생각해 보면 무리를 해서라도 그때 본격적으로 금융업무에 착수했어야 했다고 안타까워하는 교민들도 있다. 지금은 시작을 한다고 해도 '막차를 타고 온 것'이라 커다란 성과를 거두기 힘들것이라고 하였다.

1977년에는 '코리아 센터'가 준공되었는데, 이는 당시 이재설 대사가 대사관을 신축하면서 부지를 같이 확보하여 남방개발과 미원 등 한국진출업체를 입주시켰다. '코리아 센터'를 설립할 당시는 주재대사가 지도력을 발휘하여 인도네시아에 진출한 한국기업에게 출자를 종용하였고 본국에서 대통령의 하사금도 받았다고 한다.

'코린도'는 주로 원목사업을 하고 있으며 종이공장도 운영하고 있다. 이글(Eagle)이라는 독자브랜드를 내세운 운동화공장과 컨테이너 공장도 가지고 있다. '코린도'의 경우에는 한인이 300명이고 현지인이 2만명인데 직종을 정하여 기술별로 인원을 할당하고 있다. 또한 한인의 체류연도에 대해 기한을 정해 놓고 그 기간내에 인도네시아인을 훈련시켜 대체할 것을 조건부로 하고있다. 허용된 기간내에 훈련을 시키지 못하면 그 이후로는 인두세 성격의 교육훈련기금을 150달러씩 납부해야 한다.

'코데코'의 경우는 한인이 100명, 현지인이 2천명정도이다. '코데코'도 목재사업을 꾸준히 하였는데, 석유사업에 투자를 하느라 다른업종에 투자하지 못하다가 1989-90년간 전자, 컨테이너, 수산업에 새로이 투자를 시작하였다. 석유사업이 부진하여 한동안은 인도네시아 석유총판 한국대리점(연 5억 달러)으로 견디었다고 한다. 점차 시멘트와 철강분야로도 투자를 확대하였으며 칼리만탄에서 고무 농장과 야자농장 등 장기사업도 시작하였다. 근래에는 인도네시아 정부의 재조림(replantation) 정책에 따라 나무를 벌채한 후에 다시 심어야 함으로 목재사업도 그전같이 쉽지않고 갈수록 어려워지고 있다고 한다. 재조림을 이행하지 않으면 벌채 허가가 취소되며 전반적으로 벌채허가가 줄어들고 있는 실정이다.

'코린도'는 목재에서 크게 벌어서 다른곳에 소규모로 투자를 하여 성공하였는데 '코데코'는 엄청난 석유사업에 투자하다 보니 '배보다 배꼽이 더 커진 꼴'이 되어 버렸다. 즉, 목재사업을 해서 아무리 벌어도 석유사업이란 밑빠진 독에 물 붓기식이라고 한다. 그러면서도 '코데코'의 관계자들은 나름대로 커다란 자부심을 가지고 있다. 즉, 한국기업이 석유개발에 참가하는데는 두가지 방식이 있는데 하나는 합작투자를 통해 배당을 받는 것으로 대부분이 이 방식을 취하고 있다. 두번째는 직접사업을 추진하는 것으로 이러한 방식으로는 '코데코'가 유일하기 때문이다. 첫째방식은 기술축적이 이루어질 수가 없기 때문에 장기적으로는 바람직하지 않다. 따라서 일본은 자본의 80%를 국가가대고 민간기업은 20%만 자기자본을 출자하여 두번째 방식을 추진하고있는데 그나마 이것도 성공시 상환할 것을 조건으로 하고 있다고 한다.

'코데코'의 석유사업진출로 한국은 동남아에서 비산유국으로서는 처음으로 석유개발을 시작하게 된 셈이다. 돈은 벌지 못하였으나 인도네시아에 18개나 진출해 있는 메이저들과 동등한 수준에서 뛰고 있다는 자부심을 가지기에 충분하다. 국위선양은 톡톡히 되었으니 개척사업이라는 면에서 성공한 것으로 평가하며, 이러한 사업에는 국가의 계속지원이 필요하다고 주장한다. '코데코'는 인재양성의 측면에서 또한 기여를 했다고 자부하고 있다. 인도네시아에 진출한 어느 종합상사에나 '코데코'출신이 있다는 것이다. 또한 상당한 양의 자료를 축적했다는 성과도 있다. 액화천연가스(LNG)의 경우도 가스공사가 발족하면서 공사를 추진하게 되었지만 시작은 '코데코'에서 하였다. 1980년대 초에 미국 기술자를 한달에 2만 달러나 되는 임금을 주고 초빙하여 기술을 배웠는데, 지금까지의 투자를 실패로 간주하면 안된다고 하였다. 욕심과 경험부족으로 관리를 잘못 해서 일시적인 드라이 홀(dry hole)이 있을 뿐 실패는 아니라는 것이다. 일본의 경우도 석유투자 자체는 성공하지 못했지만 필요 기자재(파이프 등)를 개발하여 팔아서 수익을 남겼다고 하면서 이러한 점을 고려할 때 한국정부는 근시안적이라는 주장도 있다.

그런데 해외투자의 경험이 없다보니 국내에는 일종의 고정 관념과 같은것이 있어서 과거에는 해외에서 일하면 도와주기는 커녕 도둑질 안했는가 의심까지 하는 경향도 있었다고 한다. 기업가로서는 당장의 손해를 감수하고라도 과감히 투자를 해야 하는데 정부에서 도와주지는 못하고 관료가 "꽉 쥐고 애를 먹였다"고 아직도 당시의 일들을 회상하면서 섭섭해하는 사람들이 많다.

특히 초기에는 투자가 중요하며 어디에선가 돈을 가져와야만 하는데 최근까지만 하여도 '정부가 몰라서' 돈을 가져다가 투자하는데 어려움이 너무 많았다고 한다. 해외투자를 하려면 '가장 큰 장애는 바로 본국정부'라는 어처구니없는 현실 앞에 좌절과 울분을 느낀적이 한 두번이 아니었다는 교민사업가의 말은 결코 과장이 아닌 것 같다.

또한 초기에는 해외투자에 관한 모법이 없어서 정부의 보장이 필요하며 외환관리법이 엄격하여 자칫하면 봉변을 당하게 되어 있었다고 한다. 해외진출을 하려고 해도 투자를 위한 법적 뒷받침이 미약하며 또한 현지법에 맞추다보면 국내법과 문제가 생긴다는 것이다. 예를들어, 현지에 5백만 달러가 필요하여 한국에서 3백만달러를 가져오고 홍콩에서 2백만달러를 조성하였다면 한국 정부는 그 2백만 달러는 어디서 났느냐고 따진다고 하면서 이것은 마치 사회인에게 학교교복을 입히고 "뛰라!"고 하는 것과 같은 것으로 현지에 진출한 기업가로서는 그야말로 '속이 터지는 일'이 아닐 수 없다고 한다.

이러한 어려움에도 불구하고 한인기업가들은 착실히 인도네시아에서 기반을 닦아서 성장을 계속하였다. 대부분의 한인들은 칼리만탄과 수마트라, 술라웨시섬 등에서 천연자원의 개발과 건설공사에 종사하였으며, 자카르타에는 이러한 회사의 경영자, 본사의 관리직원, 지사와 상사의 파견직원과 소수의 외교관, 무역업자가 거주하였다. 그 결과, 자카르타의 한인 사회는 그 구성면에서 사회.경제적으로도 동질적이며 또한 비교적 생활면에서도 여유가 있는 사람들로 이루어지게 되어 안정적인 성장을 하게 되었다.

한인사회의 생활상

1980년대 중반까지도 자카르타를 중심으로 한 재인도네시아 한인사회의 인구는 1,500명, 식당과 신문배달 업소를 합친 업체가 고작 62개에 불과하던 것이 지금은 15,000명 선에 이를 것으로 추산되고 있다. 외무부의 공식집계에 의하면 재인도네시아 한인은 1995년 초에 7,532명이며, 이들 중 교민은 141명이고 체류자는 7,391명이다. 대부분이 한국의 투자업체 또는 외국인 업체에 취업하고 있다. 자카르타에 약 5,500명이 거주하고 있으며 자바에 1,200명, 수라바야에 200명, 칼리만탄에 300명, 기타 300명이다. 영주권 또는 국적취득자는 약 100명에 불과하다.

그러나 실제인구는 이보다 훨씬 더 많을 것으로 추정된다. 즉 1987년의 한인인구를 3천명으로 추정할 경우 현재 인구는 적어도 그 5배인 1만 5천명은 된다고 보아야 한다. 심지어는 공식 집계의 3배에 해당하는 2만 2천 5백명은 될 것으로 추정하는 사람도 있다. 이러한 한인사회의 양적 성장과 더불어 학교, 교회, 불교사원, 한국식당, 유흥업소, 하숙집, 선물 가게, 식품점, 한약방, 미장원, 비디오 가게, 세탁소, 여행사 등도 나날이 늘어나고 있으며 심지어는 대입 준비 학원도 등장하였다.

인도네시아에는 영주권 제도가 없다. 비자는 1년 짜리로 '킴 에스'가 있는 데 이것을 5번 연장하면 1년 이상 기간인 '킴 떠땁'을 받게 된다. 이것은 2년마다 연장을 하는데 수속은 같으며 3회까지만 연장이 가능하다. 그 다음에는 일단

출국을 했다가 새로 비자를 받아야 한다. 10년 이상 거주하여야 국적 신청자격이 있는데 쉽게 국적을 주지 않으려는 인상을 받는다. 일시체류비자에서 영구비자로 바꾸려면 대개 미화 1만 달러가 필요하다고 한다.

한국에서 말썽을 일으킨 사람도 여기서는 3억 루피아만 주면 국적취득이 가능하다는 소문도 있다. 현지 등록법인은 토지의 취득이 가능하지만 외국인은 전혀 취득이 불가능하다. 부동산에 대한 소유권도 개념이 다른데 외국인에게는 소유권에 유사한 '학 밀릭'이 주어지지 않는다. 건물 사용권은 20년으로 제한되며 완전한 소유권을 주지 않고 사용권만 허용된다. 토지 공개념 면에서는 인도네시아가 선진국가라고 할 수 있으며 '학 밀릭'은 없어지는 경향이 있다고 한다. 토지 구입시에는 소유권은 국가에 속하며 사용권만 개인에게 주어진다. 따라서 절대적 소유권의 개념은 없는 것과 같다. 부동산 가격상승으로 성공한 화교는 있으나 다른 외국인은 부동산에 투자하여 돈을 번 경우가 거의없다.

인도네시아에서는 1987~88년부터 투자촉진을 위한 규제완화 조치를 시작하였다. 봉제업 등 노동집약 산업이 한국 내에서 노사분쟁이 빈번해진 시기에 집중적으로 인도네시아에 진출하였다. 지금은 베트남 쪽으로 몰리고 있지만 당시는 인도네시아로 대거 진출하였다. 그런데 많은 한국 기업은 불안한 상태라고 한다. '없는 집의 싸움이 더 요란하다'는 말이 있듯이 두세 번 인도네시아에 다니러 왔다가 적은 자본을 가지고 후다닥 들어와 엉성한 익명동업자(Sleeping partner)를 잡아서 사업을 하려고 하니 운영자금 등에 문제가 생긴다. 은행에 가서 돈을 꾸려고 해도 은행에서 확실한 담보없이 돈을 대출해줄 리도 없다. 당연히 허덕일 수밖에 없다. 대기업의 뒷받침을 받는 회사는 그래도 괜찮지만 개인 기업의 상당수는 무척 고전을 하고 있다.

자카르타를 중심으로 한 인도네시아 한인사회는 1980년대 말까지는 비교적 동질적이었으나 최근에는 교민간에 빈부의 차이가 나타나고 있다. 상사나 지사에서 파견된 경우는 기본적으로 차이가 없다고 할 수 있다. 그러나 신발, 봉제, 완구업 등이 진출하면서 격차가 생기기 시작하였다. 중소기업인으로 충분한 준비 없이 인도네시아에 진출하였다가 사업에 실패하여 되돌아가지 못하는 사람들도 적지 않다.

막연히 왔다가 파트너와 문제가 생겨서 곤란을 겪기도 한다. 이곳은 집값이 비싸고 자동차 가격도 비싼 곳이다. 실패하면 당장 집과 차가 없으며 갈 곳도 없고 돌아갈 수도 없다. 이런 사람들은 한인회에도 나오지 못하고 있으니 한인회로서도 파악이 되지 않아 정확한 실상을 알지 못한다.

1970년대 그리고 1980년대 초까지는 현지인이 순진했다고 한다. 그러나 지금은 다르다. 이곳 사람들도 알 것은 다 알고 있으며 이 나라는 이미 변화를 보이고 있는데, 우리의 인식이 이를 쫓아가지 못하고 있으므로 이대로 가면 갈등의 폭이 점점 커질 것이라면서 우려하는 교민들이 많다. 많은 한인들이 1970년대의 인도네시아를 생각하고 행동한다면서 한국인이 중국인이나 일본인을 제치고 가장 큰 미움의 대상으로 떠오르고 있는 것이 정말로 우려된다는 것이다.

인도네시아 진출 경험

한 교민지도자는 우리가 남을 지배해 본 경험이 없고 항상 당하기만 했다는 사실에 문제가 있다고 지적했다. 외국인을 1천명이나 2천명씩 고용하는 것은 '단군이래 최초의 일'로서 인도네시아에 진출해 있는 350개 기업이 당면하고 있는 가장 큰 문제는 외국인을 다루는 기술이 부족하다는 것이라고 하였다. 현지에서 고용한 종업원을 폭행하는 사건도 종종 발생하고 있다. 이런 사례가 현지신문에 보도될 경우 국가 위신이 땅에 떨어진 것은 물론 다른 한국기업에까지 부정적인 영향을 주게 되는 것은 물론이다.

정부에서 바야흐로 세계화를 부르짖고 있는데 세계화라는 것은 우선 다른나라에 대한 깊이있는 연구로부터 시작해야 한다. 다른나라 사람을 고용하였을 때는 이들을 제대로 다룰 수 있는 방법을 가지고 있어야한다. 여태껏 외국에

▲ 1996년 3월, 인도네시아 한국 상공회의소 현판식 기념사진
(왼쪽 3번째부터 유병문 소장, 민형기 대사, 승은호 한인회장)

진출했다고는 하나 서독에 광부로 가거나 월남에 기술자로 간 것은 인도네시아에 진출하는 것과는 전혀 다르며, 이러한 상황은 태국, 말레이시아, 중국이나 베트남, 미얀마 등에서도 공통으로 겪게 될 전망이다.

인도네시아라는 곳이 당장 일확천금할 것 같지만 사실은 그렇지도 않다. 한 마디로 어려운 나라이다. 일반인이 잘 알기 어려운 법과 규정이 많은 나라이며 처음 생각한 것처럼 그리 호락 호락하지도 않다. 어설프게 달려들었다가는 오히려 당하게 되며 또한 화교의 존재도 고려해야 한다. 정식 허가없이 화교와 합작투자를 했다가 사업이 잘 되기 시작하면 이민국에 불법체류자로 고발당하는 사례도 종종 일어난다.

이곳에서도 적법한 절차를 거친 정상적인 접근이 가장 안전함은 두말 할 여지가 없다. 한편 해외에 나오는 사람에게도 문제가 있다. 투자건수가 350건이 넘는데 새로 나오는 사람이 먼저 진출한 사람에게 자문을 구하면 쉬울텐데 그런 경우가 별로 없다. 합작투자나 공동 투자의 방법도 별로 고려하지 않는다. 한국 기업은 열의는 좋은데 욕심이 너무 많고 또 겁이 없다. 허수아비 파트너를 두고 모두 혼자 하려고 하다가 봉변을 당하는 일이 드물지 않다. 이곳에서 일은 이곳 실정에 맞게 해야 되는데 기본정신 자세가 부족한 것이다.

인도네시아인에 대한 인식

신윤환 교수를 비롯하여 인도네시아 전문가들은 한국인의 선민 의식, 인종차별주의, 왜곡된 민족주의가 커다란 문제라고 지적한 바 있다. 특히 인도네시아는 우리보다 국민소득이 낮고 체구도 왜소하며 성격도 부드럽기 때문에 이러한 의식을 갖기 쉽다는 것이다. 인도네시아에 진출한 다른 어느 민족도 한국인처럼 무례하고 도발적이지 않다고 한다. 일본인들은 매우 조심스럽고 정중한데 1974년 발생했던 반일본 시위에서 많은 것을 배웠으며 국가 이미지의 제고에 진지하게 노력을 하고 있다. 중국인들은 오랫동안 인도네시아에서 토착민들과 갈등을 겪어 왔으며 물리적인 피해도 숱하게 경험하였기 때문에 중국인들 역시 인도네시아에서 좋은 이미지를 유지하기 위하여 꾸준히 노력하고 있다.

인도네시아에 진출한 싱가포르나 홍콩, 대만의 기업이 한국 기업보다 오히려 임금 수준이 낮으면 낮았지 결코 높지 못하며 다른 작업조건이나 근로환경도 마찬가지이지만, 한국기업 만큼 문제시되고 있지는 않다. 진출초기에 나타났던 구타나 체벌과 같은 노골적이고 물리적인 폭력은 현재는 대부분 사라졌지만, 지금까지도 인도네시아인들의 가슴속에 남아있는 한국인의 이미지는 결코 곱지만은 않은 것 같다.

또한 신체에 대한 폭력은 아니더라도 상대방의 무력함을 이용한 모욕적인 행동이나 발언도 폭력이라고 본다면 폭력은 아직도 사라지지 않았다는 결론을 내릴 수 있겠다.

우리는 엄청난 시련을 겪었지만 고도 경제성장에 성공했다는 자부심을 가지고 있다. 바로 이러한 자부심이 인도네시아 인들을 무의식적으로 깔보게 하는데 한 몫을 하고 있다고 할 수 있다.

신윤환 교수의 조사에 의하면 인도네시아에 거주하고 있는 다수의 한국인들은 인도네시아인들이 게으르고 청결하지 못하고 정직하지 못하다고 생각하고 있으며 또한 문화

수준도 낮고 질서 의식도 모자란다고 생각하고 있다고 한다. 이러한 멸시감은 종종 노동의 통제와는 전혀 무관한 병적인 행동으로 표출되기도 한다.

한편 인도네시아에 비교적 오랜 기간 거주한 한국인들은 인도네시아 사람들에 대하여 매우 긍정적인 태도를 가지고 있다. 오히려 한국인들 보다 더 인정도 있고 순수하기 때문에 인도네시아인들의 습관을 이해하고 잘 대해 주면 전혀 문제가 없다는 것이었다.

인도네시아인들은 지극히 조용하고 정중하며 좀처럼 화내는 법이 없다. 따라서 한국 사람이 '슈퍼 앵그리 맨'(super angry man) 이라는 평판을 듣는 것도 놀라운 일이 아니다.

가장 큰 문제는 한국의 관리자들이 현지에 올 때에 현지어를 배우지 않고 온다는 사실이다. 당연히 말을 잘 못해서 문제를 잘못 파악하고는 화를 내는 일이 비일비재하다. 이렇게 한국인이 거칠다고 소문이 나고 보니 이제는 거친사람은 무조건 한국인이라는 인식까지 퍼지게 되었다.

인도네시아 한인사회의 과제

한국의 경우도 얼마 전까지 그랬지만 대개 중남미나 동남아가 공장이전의 대상지로 부각되는 것은 상대적으로 임금이 낮을 뿐아니라 노동자의 조직과 의식이 미숙하여 조직적 저항이 적다는 사실, 그리고 정부 역시 자국 노동자의 권익을 보호하기에 앞서 투자자를 유치하기 위하여 기업의 이익을 보호해 주고 있다는 사실 등이다. 따라서 한국기업들은 단기적인 투자를 하고 있다고 밖에 볼 수 없다. 즉, 빠른 시일 내에 투자액을 회수하겠다는 것이 목적인데 이에 비하여 화교의 기업들은 장기적인 투자를 하고 있다.

이를 신윤환 교수는 다음과 같이 정리하고 있다.

한국의 최초의 해외투자는 인도네시아의 원목사업에 투자한 남방개발이었다. 남방개발은 또한 유전개발을 위하여 당시로서는 엄청난 자금을 정부로부터 지원받았다. 이어서 1987년 6월 민주화 선언이후 분출된 노동자의 요구로 임

▲ 자카르타 소재 한국국제학교 전경

금이 인상되면서 경쟁력을 상실했다고 판단한 신발업, 봉제업 등 저임금의 노동집약적 산업이 가장 먼저 그리고 대거 몰려간 곳도 인도네시아이다.

한국의 대인도네시아 투자를 시기별로 살펴보면 1960년대 말로부터 1970년대 말까지는 원목, 원유, 석탄 등 천연자원을 개발하기 위한 투자가 주로 이루어졌다. 이 당시 진출한 한국인들은 소수의 기술자와 노동자로서 이들은 도시가 아니라 칼리만탄과 같은 오지에서 활동을 하였기 때문에 현지 주민들이나 노동자들과 심각한 마찰이나 갈등은 없었다. 오히려 개발사업 추진과정에서 도로, 학교, 기타 복지시설을 건설, 제공하였기 때문에 주민들의 환영을 받는 편이었다.

두번째 시기는 1970년대 후반에서 1980년대 후반까지로 건설과 무역 분야에서 진출이 가속화되었는데 투자업종이 노동집약적이 아니었고 대규모 재벌기업인 모기업의 뒷받침이 있었기 때문에 이 시기 한국의 이미지도 매우 긍정적이었다. 특히 현대건설이 최초의 고속도로인 자고라위 고속도로를 건설함으로써 인도네시아인들에게 강렬한 인상을 심어 주었으며 뒤이어 한국 건설 업체들은 인도네시아 전역에서 대규모 공사를 수주하게 되었다. 미원도 아지노모토와의 경쟁에서 상당한 성공을 거두어 한국 상품의 이미지 확립에 기여하였으며 1980년대에는 전자제품도 진출하였다.

이러한 한국에 대한 긍정적인 이미지는 한국의 고도 경제성장과 서울 올림픽 개최 등에 관한 매스컴의 보도에도 힘 입은 바 크다.

세번째 시기는 1980년대 말로부터 1993년까지 나타난 노동 집약적인 산업의 진출 시기로써 한국인에 대한 부정적 이미지는 이때로부터 악화되기 시작한다. 인도네시아에 진출한 350개 업체 중 200여개가 신발과 봉제 등 노동집약적인 제조업체이다.

특히 이러한 제조업은 중소자본이 대부분이다. 그런데 1990년대에 들어와 인도네시아의 임금이 큰 폭으로 상승하면서 한국 중소 자본의 진출은 거의 중단되고 투자규모는 대형화하고 있다. 노동집약적인 제조업은 중국, 베트남 등 임금이 더 낮은 국가로 향하고 있다. 그러나 한국 기업들에 대한 나쁜 이미지는 오히려 확대되고 있는 실정이다.

신 교수의 조사에 의하면 인도네시아에 진출한 한국기업들은 같은 업종의 현지인 기업이나 다른 외국인 기업과 동등 하거나 오히려 더 높은 임금을 지불하고 있었다. 대다수는 타외국 기업보다 높은 임금을 지불하고 있었으며 더 이상 직접적이고 신체적인 폭력의 사용도 없었다. 한국인 관리자들도 이제는 신체적 폭력은 물론 머리를 쓰다듬거나 만지는 행위가 인도네시아에서는 모욕적이라는 것을 잘 알고 있었다.

팔굽혀펴기나 쪼그려 뛰기, 땡볕에 세워 두기 등도 없어졌으나 인도네시아의 노동자들은 여전히 가장 취업하고 싶은 회사는 일본기업이며 가장 싫은 곳은 한국기업이라고 하였다.

신 교수는 한국 사람이 행하지 않더라도 '한국적 경영방식'이라는 것이 인도네시아 사람들의 마음속에 이미 나쁘게 자리잡고 있는 것이 아닌가 우려하고 있다. 또한 현지 언론의 한국인에 대한 보도도 상당히 부정적인 것이 많다. 물론 일부 과장되기도 하고 잘못 보도된 것도 있지만 상당부분은 사실에 근거하고 있다.

'쩌빳 쩌빳'(빨리 빨리) 등의 표현은 한국인 관리자가 가장 먼저 배우는 말이며 인도네시아의 노동자들도 '새끼', '임마' 등의 표현을 널리 알고 있다고 한다.

한국인들이 크게 낭패를 본 또 하나의 이유는 신체적 접촉이 인도네시아 사람들에게는 모욕적이라는 사실을 몰랐기 때문이다.

그들의 의식에 의하면 머리는 영혼이 깃드는 장소이기 때문에 만져서는 안되는 곳인데 머리를 툭툭 쳤으니 얼마나 분노를 느꼈을 것인가? 한국에 파견할 산업기술연수생(사실상 노동자)의 모집, 송출, 교육을 담당하는 어느 직업훈련원에서는 마지막으로 연수생들끼리 서로의 뺨을 때리게 하는 훈련까지 시킨다는 사실이 국내에 보도되어 충격을 준 일도 있다.
 한 관계자에 의하면 적어도 40개 이상의 비한국인 소유의 봉제공장에서 한국인을 공장장으로 고용하고 있다고 한다.
 또한 거의 모든 신발제조공장에서도 한국인을 공장장이나 관리자, 생산기술지도자로 고용하고 있다고 한다. 현지 노동자들은 이러한 공장의 원래 소유자가 누구이건 간에 이러한 공장들을 한국공장이라고 생각하고 있으며 한국과 한국인에 대한 분노는 쌓여가고 있다.
 이러한 상황은 소위 중간 소수민족이론(middleman minority theory)을 적용하여 분석이 가능하며 어떤의미에서는 미국내 한인과 흑인과의 관계와도 유사한 측면이 있다. 세계자본주의 체계에 편입되어 혹사당하고 착취당하고 있는 인도네시아 노동자들의 눈에 한인관리자들은 보이지만 그 뒤에 있는 외국 자본가는 보이지 않는다. 한국인 관리자는 중간에서 직접 인도네시아 노동자와 접촉하며 이들을 통제한다. 그리하여 분노는 외국인 자본가보다는 한국인에게 향하게 된다. 전통적으로 이러한 역할은 화교들이 담당해 왔는데 이제 한국인이 그러한 악역을 담당하고 있는 것이다.
 이러한 중간인으로서의 한국인의 이미지는 커다란 위험을 내포하고 있다. 만일 또 다시 인도네시아에서 국내 정정이 불안해지거나 분규가 발생한다면 한국인이 희생양이 될 가능성이 상당히 크다고 우려하는 사람들이 적지 않다.

  또한 인도네시아에 진출한 많은 한국인들이 정치권력에 접근하여 연줄 만들기에 급급해 하고 있어 지식인들의 빈축을 사는 사례가 많다. 적지않은 진출 기업들이 대통령의 자녀들이나 정치적 연줄을 가진 화교와 합작을 하고 있다.

  또한 외국인 기업이나 화교기업 등 현지 기업의 경영을 대신하는 한국인 경영자들이 자본가들의 앞잡이로 비치고 있는 것도 문제점으로 지적될 수 있을 것이다.

인도네시아 군당국의 책자 발간 승인

이 책을 발간함에 있어 필자는 현재 외교관(무관)의 신분임을 감안하여 주재국의 군 당국의 사전에 양해와 함께 승인을 득하는 것이 바람직할 것으로 생각되었다.

소관부처인 통합군사 정보본부의 내사국장인 작키(Zacky) 장군은 필자의 이러한 노력에 특별히 관심을 표하면서 "이 책자가 인도네시아에 관심있는 한국교민들에게 유용하게 활용되기를 바란다"고 평하였다.

군당국의 발간 승인서

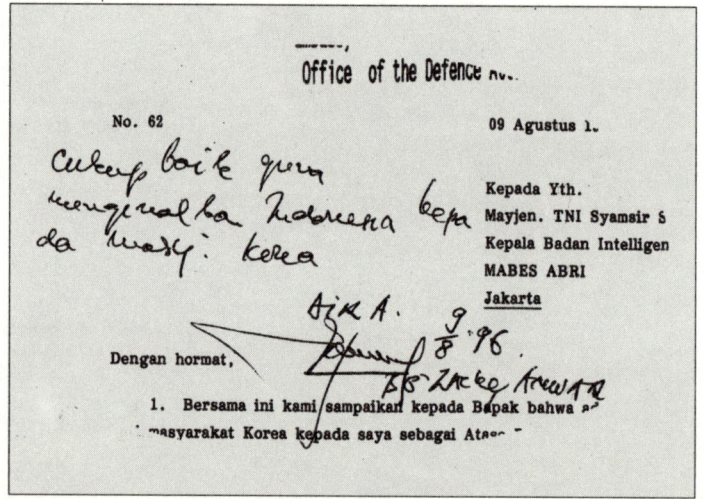

참고문헌

1. Badan Pengelola Monumen National. "The National Monument and its National Historical Museum" Jakarta. 1991.
2. Dep. of Defense & Security. "National Defense Policy of Republic of Indonesia" Jakarta. 1995.
3. Dep. of Information R.I. "Indonesia 1996, An Official Handbook" Jakarta: Dep. of Information. 1995/1996.
4. Hill, Hall. "Indonesia's New Order" The Dynamics of Socio-Economic Transformation. Australia: Allen & Unwin. 1994.
5. Pour, Julius. Benny Moerdani: "Profile of A Soldier Stateman" Jakarta: Yayasan Kejuangan Panglima Besar Sudirman. 1993.
6. Raillon, François. "Indonesia 2000" The Industrial and Technological Challenge. Paris-Jakarta : CNPF-ETP & Cipta Kreatif. 1990.
7. Scarlett, Christopher. "This is Indonesia" London: New Holland. 1995.
8. Seskoad. "National Defense & Security System of the Republic of Indonesia" Introduction.
9. Dep. Hankam. "Panduan Perwira Siswa Mancanegara" Bandung: Seskoad. 1993.
10. Dep. Pendidikan dan Kebudayaan, "Tragedi National Pantang Terulang" Jakarta. 1984.
11. Dep. Pendidikan dan Kebudayaan. "Monumen Pancasila Sakti Sebagai Sarana Peresapan, Penghayatan Dan Pengamalan Pancasila" Jakarta. 1992.

12. Dep. Penerangan. "Integrasi Timor Timur" Jakarta : Dep. Penerangan R.I. 1982.
13. Djanwar. "Mengungkap Penghianatan/Pemberontakan G30S/ PKI" Bandung: Yrama Widya. 1986.
14. Djujuk Juyoto ST. "Pemimpin Bangsa Masa Depan" Jakarta. Bina Rena Pariwara. 1993.
15. Dydo, Todiruan. "Pergolakan Politik Tentara" Sebelum dan Sesudah G30S/PKI. Jakarta: Golden Terayon Press. 1993.
16. Halawa, Ohiao. Sang Pemimpin: "Profil 5 Menteri Terpopuler Kabinet Pembangunan V" Jakarta. Nias. 1993.
17. Husaini, Adian. "Soeharto 1998" Jakarta: Gema Insani Press. 1996.
18. Mabes ABRI. "Diorama Museum Pengkhianatan PKI (Komunis)" Jakarta : Mabes ABRI. 1992.
19. Notosusanto, Nugroho. "Sejarah Dan Hankam" Jakarta : Mabes ABRI. 1987.
20. Puar, Yusuf A. "SUPER SEMAR" Jakarta : Pustaka Antara Jakarta. 1976.
21. Sadikin, Ali. "Tantangan Demokrasi" Jakarta : Pustaka Sinar Harapan. 1995.
22. Seskoad. Tantangan Pembangunan III : "Dinamika Pemikiran Seskoad 1994/1995" Bandung : Forum Pengkajian Seskoad. 1995.
23. Soebijono. "Dwifungsi ABRI" Yogya : UGM Press. 1992
24. Soekarnoputri, Megawati. "Bendera Sudah Saya Kibarkan!" Pokok-Pokok Pikiran Megawati Soekarnoputri. Jakarta : Pustaka Sinar Harapan. 1994.
25. Suara Pembaruan. "Rekaman Peristiwa 1994" Jakarta : Media Interaksi Utama dan Pustaka Sinar Harapan. 1995.
26. Syafiie, Kencana Inu. "Sistem Pemerintahan Indonesia" Jakarta

: Rineka Cipta. 1994.
27. Tippe, Syarifudin. "Peran Sosial Politik ABRI Dalam Meningkatkan Kualitas Pengamalan Wawasan Kebangsaan di Tengah-Tengah Kecenderungan Global Paradox" Bandung : Forum Pengkajian Seskoad. 1995.
28. Angkatan Bersenjata (Daily News). 1995. 8. 10.
29. Asiaweek (Weekly Magazine). 1996. 5. 17.
30. KOMPAS (Daily News). 1995. 5. 4.
31. Exsekutif (Biweekly Magazine). 1995. 8.
32. EDITOR (Weekly Magazine). 1994. 1. 13.
33. Far Eastern Economic Review (Weekly Magazine).
    1995. 12. 14.외 다수
34. FORUM (Biweekly Magazine). 1995. 12. 18.
35. GATRA (Weekly Magazine). 1995. 5. 6외 다수
36. Jakarta Post (Daily News). 1996. 4. 4.외 다수
37. TEMPO (Weekly Magazine). 1988. 9. 17외 다수
38. 양승윤, 「인도네시아 정치론」 명지출판사, 서울 : 1990
39. 대한무역진흥공사, 「인도네시아(해외시장 국별시리즈).」
    화신인쇄사 서울 : 1991
40. 중앙일보사, 「세계를 간다, 발리와 인도네시아」 고려서적주식회사,
    서울 : 1989
41. 서만수, 「남방에 심는 노래」 기독신보출판사, 서울: 1994
42. 이 호, 「낭만의 제국」 도서출판 우석, 서울 : 1993
43. 김영호, 「천년의 미소 인도네시아」 도서출판 정보여행, 서울 : 1995
44. 여한종, 「관광과 자원의 나라 인도네시아」 명지출판사, 서울 : 1990
45. 김종국, 「선교적 관점에서 본 인도네시아 이슬람교」
    한인연합소식(35호), 자카르타 : 1995
46. 통일원, 「세계 한민족 총서 제8권」, 정문사 문화주식회사, 서울 :
    1996
47. 국방부 「국방백서 1995~1996」」 군인공제회 인쇄사업소, 서울 : 1995

※ 저자약력

- 대구 계성고 졸업
- 육군사관학교 졸업 (육사 23기)
- 연세대 경영대학원 졸업 (경영학 석사)
- 인도네시아 육군대학 졸업 (지휘참모과정)
- 국방부 정보본부 아주/중동 과장
- 대대장, 작전참모, 참모장 역임.
- 현재 주인도네시아 대사관 국방무관 (육군 준장)

미래의 대국 인도네시아 정가 8,000원

초판 인쇄 / 1997년 4월 15일
초판 발행 / 1997년 5월 5일
글쓴이 / 서 세 호
펴낸이 / 최 석 로
펴낸곳 / 서 문 당
주소 / 서울시 마포구 성산동 103-7호 동원빌딩
전화 / 322—4916~8 팩스 / 322—9154
등록일자 / 1973. 10. 10
등록번호 / 제13-16

※ 잘못된 책은 바꾸어 드립니다